LA VIDA BAUTIZADA

ILLUMINATION PUBLISHERS

Otros libros de Tom A. Jones

Fuerte en la Gracia

Convicciones Profundas

Unos a Otros (con Steve D. Brown)

LA VIDA BAUTIZADA

La inmersión en Cristo
y su significado para toda la vida

TOM A. JONES

www.ipibooks.com

La Vida Bautizada

ISBN: 978-1-958723-15-9.

Supervisora de traducción: Amy Morgan
Traducción: Ana María Caro Maita
Corrección de estilo: Katherine Monestel Sánchez y Priscila Rojas Villarroel
Diseño de Carátula: Brian Branch
Diseño de Interior: Thais Gloor

Agradecimientos

Estoy muy agradecida por el trabajo de Amy Morgan, quien tuvo la visión de esta traducción y ha hecho tanto para lograr que este proyecto sea una realidad. También quiero reconocer el trabajo de Ana María Caro Maita, quien llevó a cabo la traducción, y los esfuerzos de Katherine Monestel Sánchez y Priscila Rojas Villarroel quienes trabajaron arduamente como correctoras de textos. Sin estas mujeres, la presente edición del libro no habría sido posible. Estoy en deuda con ellas.

Contenido

INTRODUCCIÓN

Escena uno: Un lugar al aire libre, cerca de Londres, con una piscina improvisada lo que es, aparentemente, el centro de atención de una multitud. Alex, de ochenta años de edad, saluda al grupo de personas que le rodean expresándole sus buenos deseos. Es viudo desde que perdió a su esposa por la enfermedad de Alzheimer cuatro años atrás. Vive con su hija y el esposo de ella, y en su casa ha visto un flujo constante de gente que venía a realizar estudios y charlas sobre la Biblia. Él ha sido testigo de cuán cercanas son las relaciones cristianas.

Lo más importante es que ha visto la paz que viene de confiar en Dios y buscar primero su reino. Él entiende que nunca es demasiado tarde para rendirse ante los propósitos que Dios plantea, y después de que confiesa que Jesús es el Señor, dos hombres lo bajan con mucho cuidado, colocándolo en la piscina y sumergiéndolo totalmente en sus aguas. Luego lo levantan y lo sacan del agua mientras en su cara brilla una radiante sonrisa.

Escena dos: Una accidentada área de Colorado, junto a un fuerte caudal de un arroyo de montaña. Tyler se encuentra en la orilla mientras una multitud de amigos comparten sobre cuán abierto estuvo su corazón al mensaje y su deseo de obedecer a Dios. Luego él les describe su viaje a través del ateísmo y su fascinación por la ciencia que lo lleva a ser ingeniero, pero señala cómo una escena de la película *Los Miserables* finalmente le cambió totalmente su perspectiva y le abrió la mente a la verdad del evangelio.

Él declara su fe en la muerte, sepultura y resurrección de Jesús, confiesa que Jesús es el Señor y luego ingresa a las potentes y heladas aguas. Dos amigos lo sumergen en el nombre del Padre, del Hijo y del Espíritu Santo. Otros envuelven en toallas al trío mientras van saliendo alegremente de las aguas. El ingeniero ahora tiene algo diferente para construir.

Escena tres: Un departamento en alguna ciudad de China. Jia Li (no es su nombre real) está ahí para hacer algo que no podría haber imaginado hace tres años. Antes de conocer a Mei-Lien (no es su nombre real) en su campus universitario, ella se había considerado a sí misma como una atea. Tomó algún tiempo, pero ella llegó a considerar a su nuevo amigo como un ángel enviado por el Dios en quien estaba empezando a creer.

Sin embargo, eso no significaba que ella estaba lista para asumir un compromiso con Jesús. Algunas mujeres estudiaron la Biblia con ella durante dos años, pero no fue hasta después que ella afrontara algunos desafíos particularmente difíciles que su corazón recién se ablandó.

Ahora ella está aquí para, como dice con sus propias palabras, "agradar a Dios y dejar que él, y no las personas, sean el único Señor en mi vida". Y allí, ante un pequeño grupo de discípulos, confiesa a Jesús; se introduce en un improvisado baptisterio y queda unida a él en su muerte, sepultura y resurrección.

Escena cuatro: Beirut, Líbano, en el tumultuoso Medio Oriente. En un extraño espectáculo que recuerda un incidente ocurrido en los Evangelios, varios hombres luchan por llevar a Samir. Ellos usan una sábana para llevarlo a una bañera hecha a mano, construida por su hermano gemelo y ahora llena con agua.

Meses antes, Samir había estado en la flor de la vida cuando, de pronto, todo cambió debido a un trágico accidente que lo dejó paralizado del cuello hacia abajo. Aun con múltiples cirugías, los médicos habían dudado de que alguna vez volviera a hablar. Sin embargo, no solo habló, sino que se mantuvo abierto a las buenas nuevas del Reino de Dios.

Ahora confiesa que Jesús es el Señor justo antes de que sus amigos lo bajen en la bañera y le sumerjan en el agua, en el nombre del Padre, del Hijo y del Espíritu Santo. Meses antes parecía que todo había perdido sentido para Samir. Ahora él está siendo resucitado a una nueva vida y a una nueva esperanza.

Durante mis cuarenta y seis años esforzándome por ser un discípulo de Jesús, he visto cientos de hombres y mujeres ser bautizados en diversos escenarios que van desde calientes lagos de verano, hasta un estanque donde tuvimos que romper el hielo de noviembre; desde baptisterios muy bien equipados que también tenían vestuarios bonitos hasta bebederos de ganado siendo utilizados para un fin que nunca imaginaron sus fabricantes.

He estado allí en diversos momentos del día y de la noche, cuando hombres y mujeres tuvieron el tipo de experiencia que compartieron Alex, Tyler, Jia Li y Samir. Si bien no todos estos tiempos fueron igual de dramáticos, cada historia ha sido única y preciosa ante los ojos de Dios. Cada uno de esos momentos fue una instancia de celebración llena de cantos y abrazos. Cada vida entregada a Dios fue cambiada. Todo aquel que fue enterrado con Cristo fue resucitado a una nueva vida.

Unos nueve meses antes de la publicación de este libro, una joven mujer soltera y profesional, quien había confesado a Jesús como su Señor y había sido bautizada en Cristo tan solo un par de años antes, vino a mí para que le recomendara un libro sobre el bautismo. Al enterarme más tarde por ella misma que los libros que le había recomendado no le habían ayudado mucho, vi plantadas las semillas y la motivación para escribir este libro.

Habiéndome determinado a escribir un libro sobre el bautismo bíblico que fuera práctico y a la vez alentador, y que además representara una mirada fresca al tema, traje a mi mente una afirmación que leí hace cuatro años:

> No hay ninguna historia, sino la de Dios;
> no hay más Dios, sino el Padre, el Hijo y el Espíritu;
> y no hay vida, sino la vida bautizada[1].

Estas palabras provienen del libro *The Divine Embrace: Recovering the Passionate Spiritual Life* (el abrazo divino: recuperando la vida espiritual apasionada), escrito por el profesor Robert Webber, el famoso y sin embargo, a veces, controversial teólogo bautista quien murió en el año 2007. Recuerdo haber leído esa declaración y haber pensado que, si bien había leído antes muchas obras dedicadas al

---

1. Robert Webber, *The Divine Embrace: Recovering the Passionate Spiritual Life* (Grand Rapids: Baker Books, 2006), 27.

bautismo, nunca había oído tal frase: "la vida bautizada". Pero sonó cierto. Resonó en mi mente. Y por eso vamos a analizar la vida bautizada.

¿DEL CIELO O DE LOS HOMBRES?

Para Robert Webber el bautismo es un tema esencial del Nuevo Testamento y una de las claves para tener una vida espiritual apasionada. Este autor hace este conmovedor comentario:

> El bautismo, si bien ocurre en un determinado momento del tiempo, es un estado de continuo estar. Estamos llamados a vivir diariamente en nuestro bautismo. Los que no viven protegidos en el abrazo divino, en el cual su nueva identidad ha sido establecida en el bautismo, no deben afirmar que la tienen. El bautismo es un estilo de vida[1].

El bautismo como un estilo de vida; esto me recuerda una declaración —a menudo pasada por alto— hecha por Martín Lutero, uno de los grandes reformadores

---

1. Webber, *The Divine Embrace*, 153.

protestantes:

> Por consiguiente, cada uno debe considerar el
> bautismo como su vestido cotidiano que deberá
> revestir sin cesar con el fin de que se encuentre en
> todo tiempo en la fe y en sus frutos, de modo que
> apacigüe al viejo hombre y crezca en el nuevo[2].

Otra imagen nítida: el bautismo como una vestimenta
diaria, una declaración que nos recuerda Gálatas 3:26-27.
Con esto, Lutero también está diciendo que los cristianos
deben permanecer en el espíritu de su bautismo a lo largo
de su vida.

Pero mucho antes de Webber y Lutero se hizo esta
declaración:

> Pero nosotros, que somos como pequeños peces que
> seguimos el ejemplo de nuestro *Ichthus* (*ΙΧΘΥΣ*),
> Jesucristo, somos nacidos del agua y no encontramos
> seguridad en ningún otro medio ni en ninguna otra
> manera que no sea mantenernos permanentemente
> en agua[3].

Así escribió uno de los padres de la iglesia primitiva,
Tertuliano (ca. 160 a ca. 220 DC), quien está diciendo que
los cristianos encuentran seguridad espiritual al
mantenerse en las mismas aguas en que nacieron: su
bautismo.

---

2. Martin Lutero, *El catecismo mayor*, 66.
3. Tertuliano, *On Baptism* (sobre el bautismo), capítulo 1.

Pero en última instancia, todas estas declaraciones modernas y antiguas se inspiraron en las palabras que Pablo dirigió a los romanos en el capítulo 6, las cuales cito aquí usando la versión Palabra de Dios para Todos:

> Bueno, ¿ahora qué vamos a decir? ¿Será que debemos seguir pecando para que Dios nos perdone aun más? ¡Claro que no! Ya hemos muerto al pecado, así que no podemos seguir viviendo en el pecado. No olviden que todos los que fuimos bautizados en Jesucristo nos unimos a él en su muerte. Cuando fuimos bautizados, también fuimos enterrados con Cristo y así compartimos su muerte para que así como Cristo resucitó por el gran poder del Padre, nosotros también andemos de acuerdo a la nueva vida.
>
> Así que si fuimos unidos a Cristo en una muerte como la de él, también nos uniremos con él en su resurrección (vv. 1-5).

En pocas palabras Pablo es el que está diciendo: "¿Vamos a continuar en el pecado para que la gracia abunde? ¡De ninguna manera! ¡Qué pensamiento tan espantoso! ¿No recuerdas tu bautismo, cómo moriste con Cristo y fuiste sepultado con él y resucitado a una vida completamente nueva? Ahora vive tu bautismo. ¡Vive esa vida bautizada!".

Así que vemos que esta idea de vivir la vida bautizada tiene una rica historia, ya que capturó una idea del Nuevo Testamento la cual tenía profundo significado.

El poder del bautismo

En un entorno donde con frecuencia los debates sobre el bautismo, lamentablemente, son bastante acalorados, el objetivo principal de este libro no es tratar con algunas de las cuestiones polémicas respecto al modo correcto de realizar un bautismo cristiano, qué frases deben ser pronunciadas cuando el bautismo se lleva a cabo, o aun a qué edad es una persona candidata para un bautismo o cuánto uno necesita entender al ser bautizado. El principal propósito no es proveer de un montón de evidencias abogadiles para probar que la teología y práctica de un grupo acerca del bautismo son las correctas y que las demás están equivocadas.

El objetivo principal de esta obra, en cambio, es alumbrar la riqueza y el poder espiritual del bautismo: es una práctica bíblica fundamental mencionada docenas de veces en el Nuevo Testamento, mostrando que para cada discípulo de Jesús, el bautismo debe ser un evento en el pasado que se atesora y mantiene vivo de un modo nítido en nuestras mentes y corazones para que así tenga impresionantes y continuas consecuencias. Mientras perseguimos este objetivo, trataremos cualquier tema que encontremos referente al material bíblico, y es de esperar que permitamos que las Escrituras nos corrijan todas las veces que sea necesario.

En un momento de su ministerio, Jesús estaba discutiendo con los fariseos. Mateo nos dice:

> —Yo también voy a hacerles una pregunta. Si me la contestan, les diré con qué autoridad hago esto. El bautismo de Juan, ¿de dónde procedía? ¿Del cielo o de la tierra?
>
> Ellos se pusieron a discutir entre sí: «Si respondemos: "Del cielo", nos dirá: "Entonces, ¿por qué no le creyeron?" Pero si decimos: "De la tierra"... tememos al pueblo, porque todos consideran que Juan era un profeta.» Así que le respondieron a Jesús:
>
> —No lo sabemos.
>
> —Pues yo tampoco les voy a decir con qué autoridad hago esto (Mateo 21:24-27).

Podríamos hacer la misma pregunta respecto al bautismo cristiano: ¿provenía del cielo o de los hombres? Ciertamente, la mayoría de grupos cristianos diría que provenía del cielo y no de los hombres, ya que, con solo unas pocas excepciones, los grupos que sostienen ser cristianos le dan al bautismo un lugar en sus enseñanzas. Ahora bien, pensemos cuidadosamente por un momento acerca de ello: si fue lo suficientemente importante para que Dios lo diera, para que Jesús lo incluyera en su Gran Comisión, para ser predicado en el Día del Pentecostés, para que tres mil personas lo experimentaran ese primer día cuando el Espíritu Santo fue derramado y para que Pablo les recordara a cinco diferentes iglesias que tan decisivo era ese momento en sus vidas, ¿no es acaso lógico pensar que Dios tenía algo muy importante en mente cuando lo dio "del cielo"?

¿Y no parece acaso extraño o, en realidad, bastante triste, que en la experiencia espiritual de muchas personas es, en el mejor de los casos, una idea marginal?

A medida que nos trasladamos del antiguo al nuevo pacto, nos movemos de un sistema religioso que involucraba docenas de sacrificios, festivales, fiestas, rituales, purificaciones ceremoniales y sus consiguientes reglas, hacia un enfoque totalmente nuevo en el que los únicos aspectos que lejanamente tienen esta naturaleza son el bautismo y la Cena del Señor.

Ahora, al vivir bajo este nuevo pacto, que se escribe en los corazones humanos y no en tablas de piedra, ¿acaso no debemos tratar de entender el propósito de Dios para estas dos prácticas? Pablo les dice a los cristianos de Corinto que ellos "están débiles y enfermos, y un número... ya han muerto" a causa del mal uso de la Cena del Señor (1

Corintios 11:30). Si eso es cierto en cuanto a la Cena del Señor, ¿habría que tener menos preocupación acerca del bautismo? ¿Acaso esto no nos dice que estos son temas profundamente importantes?

Mantener la mirada fija en Jesús

De hecho, como veremos, el bautismo es importante, pero esto es lo que debemos enfatizar: *el bautismo solo tiene significado en tanto está relacionado con Jesucristo*. Debido a que este es un hecho tan fundamental, nuestro objetivo a lo largo de este estudio debe ser mantener la mirada fija en Jesús. Por ello, es apropiado hablar de la vida bautizada únicamente si estamos hablando de algo íntimamente ligado a Jesús y a una vida centrada en él.

Vamos a profundizar en el bautismo porque a este se le ubica en todo el Nuevo Testamento en lugares donde se tratan temas decisivos; veremos en este libro que el bautismo no es ningún tema periférico en las Escrituras. Sin embargo, así como la luna brilla de forma persistente en el cielo nocturno solo porque refleja el sol, así veremos que el bautismo brilla persistentemente solo en la medida en que se relaciona con Jesús, se conecta con su vida y refleja su poder transformador. En sí mismo, tal como ocurre con la luna, puede ser visto como una cosa fría y vacía, pero dentro de un contexto sobre Jesús, el bautismo brilla, recuerda, incluso revela y nos señala en una necesaria dirección. Y es que hay una razón por la cual Dios nos dio el bautismo.

Esperamos evitar dos errores igualmente graves en que podemos incurrir al examinar este tema. El primero es la tendencia de muchos evangélicos de minimizar el bautismo. De una manera que recuerda a los antiguos griegos, especialmente los gnósticos, estos grupos quieren crear una marcada (y no bíblica) división entre lo que el cuerpo hace y lo que el espíritu hace —entre el bautismo y la fe— y entonces valorar únicamente lo que tiene que ver con el espíritu. Más tarde abordaremos este problema.

El segundo error es la reacción de algunos grupos que saltan a otro extremo igualmente peligroso, convirtiendo su perspectiva del bautismo en la prueba última de la autenticidad cristiana. Cuando ven que se deja al lado el bautismo bíblico, comienzan a darle demasiada importancia o por lo menos actúan como si este tuviera algún poder inherente. Cuando esto sucede, caen en el error de considerar el bautismo como un sacramento, un ritual o un deber legalista.

Todos haríamos bien en considerar las palabras de Jesús que se encuentran en Juan 5:39-40:

> "Ustedes estudian con diligencia las Escrituras porque piensan que en ellas hallan la vida eterna. ¡Y son ellas las que dan testimonio en mi favor! Sin

embargo, ustedes no quieren venir a mí para tener esa vida".

El bautismo es un tema mayor en las Escrituras, pero su significado se va a encontrar en la forma en que da testimonio acerca de Jesús. Debemos dar énfasis bíblico al bautismo sin perder nunca de vista aquello que le da sentido. Jesús sin el bautismo es un mensaje incompleto. El bautismo sin Jesús es un acto religioso completamente inútil. El bautismo por causa de la fe en Jesús y para entrar en Jesús, rendirse a Jesús y vivir por Jesús es un momento decisivo en la historia personal de cada discípulo.

Antes de que nos adentremos en las Escrituras, quiero decir más acerca de nuestro tema principal y luego mirar la dirección que nuestro estudio tomará.

El tema principal

La mayor parte de nosotros no hemos pensado en la vida de un seguidor de Jesús como "la vida bautizada". Esta es una nueva terminología para nosotros. En base a los comentarios ya realizados, podemos ver que eso puede haber sucedido debido a una tradición que puso un énfasis exagerado en la salvación por la fe, dejando al bautismo como un asunto menor. Si esto te describe a ti, hablar de "la vida bautizada" sería, entonces, casi una distorsión del evangelio y pondría en evidencia una tendencia hacia las obras humanas.

Por otro lado, el bautismo podría haber sido visto como un factor muy importante para alguien que se convierte en un cristiano. Sin embargo, aparte de esto, el bautismo podría haber sido visto como algo no muy relacionado con el diario vivir de un cristiano, excepto cuando explica el tema a un potencial converso.

En ambos casos, la descripción de la vida nueva en Jesucristo como "la vida bautizada" puede no parecer totalmente correcta. Sin embargo, al hablar de esta manera, estamos reviviendo una idea muy antigua, tal como ya lo hemos señalado. Nuestro bautismo es algo que hemos de seguir viviendo día a día mientras tengamos vida.

Todavía recuerdo a mi profesora de griego básico describiendo la mejor manera de pensar sobre el significado del tiempo perfecto de ese idioma, lo cual describe una acción pasada con efectos continuos. Por ejemplo, si la palabra era "superar" ella nos decía: "Piensen: estoy permanentemente en el estado de haber superado algo". Si el ejemplo era la palabra "perdón", ella nos decía: "Piensen: estoy permanentemente en el estado de haber sido perdonado". El mensaje de este libro es, simplemente, que todos entendamos que "estoy permanentemente en el estado de haber sido bautizado en Cristo Jesús y, por lo tanto, debo vivir como tal".

La vida en el Reino de Dios

Por último, quisiera comentar sobre el enfoque que tomaré en nuestro estudio. Varios años atrás, mi amigo, compañero de enseñanza y colega en la autoría de libros, Steve Brown, y yo dimos una serie de clases sobre "El bautismo en el Nuevo Testamento". Steve hizo una sugerencia mientras discutíamos el enfoque que le daríamos a las clases; era uno respecto del cual tenía mis dudas al inicio, pero que finalmente me resultó muy satisfactorio.

Su idea era que nosotros fuéramos a través de todo el Nuevo Testamento, libro por libro, preguntándonos qué podríamos aprender del bautismo simplemente de una lectura de nuestras Biblias en inglés, tratando todo el tiempo de extraer algo de los textos como si nunca hubiéramos leído el Nuevo Testamento y lo estuviéramos leyendo por primera vez. En vez de tener una actitud del tipo "buscar pruebas" o "enseñar", tratamos de adoptar la actitud de "descubrir".

A pesar de que era difícil para nosotros no desviarnos en el significado de las palabras griegas o en la discusión de ciertas prácticas y convicciones que había en la iglesia de los siglos II y III, o para explicar un pasaje basándonos en nuestra propia comprensión de algo que más tarde encontraríamos en otro, nos fue bastante bien con el compromiso que nos hicimos. Había leído los textos bautismales docenas de veces en mis más de cuarenta años dedicados a la enseñanza, pero vi cosas que nunca antes había visto.

Al final de nuestro estudio apuntamos veinticinco conclusiones que pudimos extraer con seguridad de las escrituras que habíamos leído. Me quedé sorprendido por algunas cosas que *no* pudimos extraer. Aunque tuve la tentación de comenzar este libro con los detalles de ese estudio, decidí no hacerlo debido a mi preocupación de que algunos lectores podrían rápidamente confundirse a causa del carácter más técnico y repetitivo de dicho enfoque. Sin embargo, vas a ver algunas de las conclusiones del estudio en esta discusión, y un apéndice te dará un resumen de ese material.

Hay algunos excelentes libros publicados sobre el tema de bautismo, como el libro de Jack Cottrel, *Baptism: A Biblical Study* (bautismo: un estudio bíblico), y extraordinarios trabajos académicos como lo de G.R. Beasley-Murray, *Baptism in the New Testament* (bautismo de en el Nuevo Testamento), que llevan a los lectores a través de cada texto existente sobre el bautismo. La lectura de tales libros sería de gran provecho para ti.

Mi plan, sin embargo, es darle mayor énfasis a la naturaleza transformadora del Reino de Dios, la cual abrió camino en este mundo a través de Jesús y, en este contexto, examinar cómo el bautismo estuvo vinculado con la entrada en ese reino, y aún más, a vivir permanentemente en la vida del Reino. Si a veces parece que me he desviado de nuestro tema, tratando otras áreas que no están relacionadas con el bautismo, entiende que el bautismo, por ser bautismo en Jesús y en la vida del Reino, se relaciona —en cierto sentido— con todo lo que tenga que ver con vivir en unión con él.

Me he dado cuenta que este mismo hecho hizo que este fuera un libro difícil de escribir. Mientras trabajaba en un capítulo, sentía la necesidad de introducir el contenido de otros capítulos en este, ya que muchas ideas están muy estrechamente relacionadas. Sin embargo, espero que para cuando hayas leído todo el libro, puedas tener una idea de cómo muchos conceptos bíblicos importantes convergen en el bautismo.

En su libro *New Seeds of Contemplation* (nuevas semillas de contemplación), Thomas Merton describe claramente el objetivo de aquella persona que busca a Dios:

> En última instancia, el secreto de todo esto es tener un abandono perfecto a la voluntad de Dios en las cosas que no puedes controlar y una perfecta

> obediencia a él en todo lo que dependa de tu propia
> voluntad, para que en todas las cosas, en tu vida
> interior y en tus obras externas para Dios, desees una
> sola cosa, la cual es el cumplimiento de su voluntad[4].

Como veremos, el bautismo es algo exterior, un evento que ocurre en nuestra historia y que tiene un profundo significado interior. Nuestro deseo es permitir que el bautismo sea lo que Dios quiere: cumplir su voluntad ¡y ciertamente no algo más! Pero al mismo tiempo, no algo menor. Como Jesús nos enseñó, oramos: *"Padre... venga tu reino, hágase tu voluntad en la tierra como en el cielo"*.

Cuando estaba desarrollando mi plan para redactar este libro, una vez más encontré inspiración en una declaración de Martin Lutero. A pesar de que él defendió la práctica del bautismo de bebés de una manera que no puedo apoyar, él veía la conexión que se hacía en el Nuevo Testamento entre el bautismo y muchos otros elementos de la vida cristiana.

> En el bautismo todo cristiano tiene suficiente para
> estudiar y practicar durante toda su vida. Siempre
> tendrá bastante qué hacer para creer firmemente lo
> que el bautismo promete y aporta: la victoria sobre
> la muerte y el diablo, el perdón de los pecados, la
> gracia de Dios, el Cristo íntegro y el Espíritu Santo
> con sus dones. En suma, las bendiciones que trae el

---

4. Thomas Merton, *New Seeds of Contemplation* (nuevas semillas de contemplación) (New Direction Books: New York City, 1962, reedición 2007), versión Kindle, 196.

bautismo son tan superabundantes que al reflexionar sobre ellas, la tímida naturaleza humana muy posiblemente podría dudar de que todas estas sean verdad[5].

Siguiendo esta idea de que el bautismo nos habla de tantos elementos de la vida del discípulo, vamos a examinar las vinculaciones existentes entre el bautismo y los temas esenciales. Veremos cómo entender y mantenerse "en" ellos está vinculado a nuestra relación con Jesús, la misma que trae consigo una vida transformada y que transforma.

Examinaremos que dicen las Escrituras sobre el bautismo y su unidad con la gracia, el Reino de Dios, la salvación, la muerte y resurrección de Jesús, el Espíritu Santo, el Cuerpo de Cristo y la fe.

Ten en cuenta una premisa fundamental de este libro: el Nuevo Testamento enseña que nuestro bautismo puede llegar a ser más poderoso con el tiempo debido a que está diseñado para traernos de regreso, una y otra vez, a Jesús, de quien tenemos muchísimo más que aprender.

---

5. Martin Lutero, *El catecismo mayor*, 62.

Preguntas para
estudio individual o en grupos

1. ¿Qué era lo que entendías sobre el bautismo, considerando tu previa formación religiosa?

2. Según lo que entendías en ese momento, ¿cómo estaba conectado el bautismo con Jesús?

3. ¿Qué significa para ti cuando decimos que el bautismo aparece en el Nuevo Testamento en contextos de transformación? ¿Cómo se relaciona ello con tu propio entendimiento previo sobre el bautismo?

4. ¿Dirías que has tenido la tendencia de estar en cualquiera de los extremos que hemos descrito? Es decir, ¿has tenido la tendencia por un lado de hacer del bautismo un tema no importante, o por el contrario tu tendencia ha sido convertirlo en el tema más importante?

5. ¿Cuál sería una visión más equilibrada al respecto?

2

EL BAUTISMO
Y
LA GRACIA

Me gustaría llevarte "detrás de escena" y hablarte del proceso de elaboración de este libro. Frecuentemente ocurre que las personas me preguntan cómo llegan a unirse las partes de los libros. No estoy seguro si te estás preguntando acerca de ello, pero voy a compartir un poco contigo al respecto.

Consideré varias opciones para escribir este capítulo. Mi deseo, por supuesto, era lograr una conexión contigo como lector. No me interesaba únicamente exponer un montón de información, sino que quería invitarte a acompañarme a un pequeño viaje que podría ser muy valioso.

Tenía que afrontar el hecho de que este es un tema del cual mucha gente no ha pensado como algo emocionante, y aún más, es uno de aquellos temas respecto al cual muchos de los lectores de este libro ya tienen ideas bastante definidas.

En una etapa de la elaboración del libro pensé si tendría sentido empezar con el tema "Bautismo y la fe", dado que (1) la fe es un atributo muy esencial en todos los aspectos de la vida espiritual; (2) el bautismo y la fe son a veces, erróneamente, contrapuestos entre sí, y (3) el concepto "solo por fe" de la Reforma Protestante es frecuentemente visto como algo muy diferente a lo que los reformadores tenían en mente.

Por un tiempo consideré seriamente empezar el libro con el tema "Bautismo y el Reino", por razones que espero resulten evidentes en el capítulo siguiente. Al mismo tiempo, consideré colocar este capítulo, que trata de la gracia, al final del libro. Siguiendo a Pablo, quien sostiene que el amor vincula en perfecta armonía todos los atributos esenciales de una vida llena del Espíritu Santo (Colosenses 3:14), pude ver cómo la gracia iba conectando todos los diferentes significados que tiene el bautismo y, por consiguiente, proporcionando una conclusión adecuada.

La gloriosa gracia de Dios

No obstante lo anterior, en último término, debido a que existen en el mundo cristiano demasiadas confusiones respecto a la relación entre la gracia y el bautismo, decidí que debía empezar con ese tema. Y luego, sería la fe fuera el atributo que uniera los diferentes elementos del bautismo.

Empecé con la gracia porque estoy interesado en que no exista ninguna duda, ningún aspecto borroso o falto de claridad respecto a la postura que tengo en este libro. *Somos salvados por gracia.* Tenemos el Reino de Dios por gracia. Por gracia formamos parte del pueblo elegido y escogido por Dios. Todo acerca de la nueva vida viene *debido a la gracia de Dios y a través de ella.*

¿Es posible poner demasiado énfasis en la gracia? No estoy seguro que pueda hacerse eso. Podemos distorsionar la gracia o hacer un mal uso de ella, pero no estoy seguro de que se pueda poner excesivo énfasis en este tema, puesto que siempre se requiere el poner atención sobre esto. La lectura de la carta de Efesios me lleva a esta conclusión; escucha las palabras de Pablo:

> Alabado sea Dios, Padre de nuestro Señor Jesucristo, que nos ha bendecido en las regiones celestiales con toda bendición espiritual en Cristo. Dios nos escogió en él antes de la creación del mundo, para que seamos santos y sin mancha delante de él. En amor nos predestinó para ser adoptados como hijos suyos por medio de Jesucristo, según el buen propósito de su voluntad, para alabanza de su gloriosa gracia, que nos concedió en su Amado. En él tenemos la redención mediante su sangre, el perdón de nuestros

pecados, conforme a las riquezas de la gracia que
Dios nos dio en abundancia con toda sabiduría y
entendimiento (Efesios 1:3-8).

La gracia de Dios es gloriosa y, por supuesto, por su misma definición, otorgada libremente. Es algo que debemos alabar y por la cual debemos honrar a Dios. Dios tiene *riquezas* de gracia y de esas riquezas nos da a nosotros gracia *en abundancia*. Trata de captar esto. Hay gente que es increíblemente rica y que de esas riquezas dan generosamente obsequios a aquellos a quienes desean favorecer. Pero Dios es el más rico de todos y es rico en gracia o en asombrosa generosidad.

Ahora, piensa en la frase "dio en abundancia", la cual en el griego es *eperisseusen*, que significa "sobrepasar, ir más allá, excediendo todas las expectativas". Probablemente hemos escuchados historias de gente que tenía grandes riquezas y que cometía extravagancias en cuanto a la generosidad que mostraba —usualmente a alguien querido o a veces a un hijo— pero ¿qué tal cuando es Dios quien da generosamente, cuando él va más allá de toda expectativa? Ciertamente va a sobrepasar por mucho lo que cualquier hombre pudiera hacer.

Esto es lo que me hace decir que no creo que podamos nunca hacer un énfasis exagerado en la gracia, porque tiene una altura, profundidad, longitud y anchura que dudo ninguno de nosotros haya entendido o vaya a alguna vez entender (compara Efesios 3:18-19). No nos sorprende que Pablo diga: "Alabado sea Dios". Cada bendición que disfrutamos viene de la gracia sobreabundante, valiosa y generosa de Dios.

Bautismo y la gracia de Dios

El profesor G.R. Beasley-Murray, un académico británico muy reconocido, en su clásico estudio sobre el bautismo escribió:

> El alcance y la naturaleza de la gracia que los escritores del Nuevo Testamento declaran estar presente en el bautismo resultan ser asombrosos para cualquiera que llega de cero a estudiarla con una mente abierta[1].

A lo anteriormente dicho agrega una lista de dieciséis dones y bendiciones que llegan a nosotros en conexión con el bautismo. Luego pregunta:

> ¿Cómo vamos a explicar esta atribución de la plenitud de la gracia salvadora al cumplimiento de un acto externo como el bautismo?[2]

Con esta pregunta él está planteando el tema que queremos tratar en este capítulo: ¿cuál es la relación entre gracia y bautismo y qué significa esto para vivir una vida

---

1. G.R. Beasley-Murray, *Baptism in the New Testament* (bautismo en el Nuevo Testamento) (Grand Rapids: Eerdmans, 1962, reimpreso en 1994), 263.
2. Ibíd., 264.

bautizada?

Pese a todas las conexiones entre el bautismo y la gracia de Dios que un estudioso como Beasley-Murray puede encontrar desde una lectura con mente abierta del Nuevo Testamento, hay muchos que se oponen drásticamente a pensar que exista alguna conexión entre el bautismo y el recibir gracia, bautismo y la salvación, o bautismo y el perdón.

A pesar de todo lo que hemos dicho al inicio de este capítulo con respecto a la supremacía de la gracia, hay algunos para quienes el mencionar el bautismo en una conversación sobre la gracia básicamente anula todo lo que hemos dicho acerca de la gracia. Para ellos, el hecho de que uno sea salvado por gracia no permite agregar nada al panorama, aunque se encuentra entre ellos varias opiniones en cuanto a que fe y arrepentimiento deben ser incluidos.

Sin embargo, ellos estarían de acuerdo que un "acto externo" como el bautismo no puede formar parte de un plan que involucre salvación por gracia, excepto el decir que el bautismo finalmente necesita ser realizada como un "signo exterior de una gracia interior" (una gracia que ya ha sido dada a una persona antes del bautismo y que está totalmente separada del bautismo).

El rol del bautismo, entonces, es de ser únicamente un

testimonio de una gracia que ya ha realizado su trabajo y que ya ha hecho nueva a la persona. El bautismo desde esta perspectiva no es un lugar donde se recibe la gracia, sino un acto por el cual cuentas a otros acerca de la gracia que ya has recibido. Puede que algunos de ustedes habían visto así el tema o quizás, aún lo hacen. Pero déjame invitarte a examinar la relación entre la gracia y el bautismo en las Escrituras.

La gracia es más importante

Primero, dejemos en claro que cuando estamos comparando la gracia con el bautismo estamos mirando dos cosas que son muy desiguales. La gracia de Dios, tal como llega a nosotros a través de Jesucristo, es la más importante de los dos en gran manera, porque tiene una realidad única en su especie, es expuesta de tantas diversas maneras y origina el llamado al bautismo. La gracia le otorga al bautismo el significado único que tiene.

Habiendo dicho esto, debemos darnos cuenta que estamos creando una falsa dicotomía si enfrentamos a la gracia con el bautismo. Eso sería similar a poner a un bombero en competencia con su manguera o a un cirujano con su bisturí. Ciertamente en cada caso uno es el superior y el otro es el menor, pero hay necedad en decir que uno está en contra al otro.

Hay un texto que figura en la carta de Pablo a Tito

donde se refiere tanto a la gracia como al bautismo, lo cual nos da algunas importantes luces respecto a la relación entre las dos:

> En otro tiempo también nosotros éramos necios y desobedientes. Estábamos descarriados y éramos esclavos de todo género de pasiones y placeres. Vivíamos en la malicia y en la envidia. Éramos detestables y nos odiábamos unos a otros. Pero cuando se manifestaron la bondad y el amor de Dios nuestro Salvador, él nos salvó, no por nuestras propias obras de justicia sino por su misericordia. Nos salvó mediante el lavamiento de la regeneración y de la renovación por el Espíritu Santo, el cual fue derramado abundantemente sobre nosotros por medio de Jesucristo nuestro Salvador. Así lo hizo para que, justificados por su gracia, llegáramos a ser herederos que abrigan la esperanza de recibir la vida eterna. Este mensaje es digno de confianza, y quiero que lo recalques, para que los que han creído en Dios se empeñen en hacer buenas obras. Esto es excelente y provechoso para todos (Tito 3:3-8).

La condición de la humanidad separada de Cristo es claramente descrita: necedad, desobediencia, descarrío y esclavitud. En este oscuro panorama se abre camino la bondad y el amor de Dios *nuestro Salvador*, quien nos salva, está claro, no por las cosas justas que hayamos hecho.

La obra salvadora es toda suya, realizada a través del lavamiento de la regeneración y de la renovación por el Espíritu Santo. El "lavamiento de la regeneración" nos recuerda Juan 3, donde se trata del nacer de nuevo de agua y del Espíritu; nos hace pensar en Hechos 2 y el llamamiento a ser bautizados para el perdón del pecado y recibir el Espíritu Santo; nos recuerda Hechos 22, cuando Pablo escuchó al discípulo Ananías decirle: "Levántate, bautízate y lávate de tus pecados, invocando su nombre"; y a la vez nos recuerda Romanos 6, donde dice que uno es sepultado con Cristo en el bautismo y resucitado para ser una nueva persona. La palabra bautismo no existe en este pasaje de Tito, pero debido a estos paralelos, hay consenso entre casi todos los exégetas (siempre y cuando no estén tratando de defender alguna posición teológica determinada) que Pablo está haciendo referencia al bautismo.

Pero lo más importante es que la frase "*justificados por su gracia*" resume todo esto. El bautismo no está en la categoría de "nuestras propias obras de justicia", pero es uno de los elementos a través de los cuales Dios nos da su gracia, la cual nos justifica. Mientras vayamos examinando el tema más detenidamente en el resto de este capítulo, apreciaremos por qué el bautismo pertenece a la categoría de la gracia y no a la de obras de justicia.

Dale todo el crédito a Dios

Me parece que existen por lo menos tres lecciones del pasaje en Tito 3. Primero, vivir la vida bautizada significa no querer dejar en la mente de nadie ninguna duda respecto a la fuente de nuestra salvación y justificación. Todo el crédito va para Dios, su gracia y su generosidad.

En el bautismo, es Dios quien hace el lavamiento, la regeneración y la renovación. La construcción del texto griego en el versículo 5 nos indica que el Espíritu Santo debe ser visto como aquel que realiza tanto la limpieza del renacimiento, como la renovación. Dado que otras personas podrían ver al bautismo como algo que realizamos nosotros mismos, es necesario que tengamos mucho cuidado en enfatizar, a quienes están siendo bautizados y a aquellos que observan el bautismo, que este acto es totalmente obra de Dios.

Debo decirte que en la confraternidad de la que soy parte escucho cierto lenguaje que me incomoda. Escucho a muchas personas decir cosas como: "Él va a bautizarse esta noche" o "Yo me bauticé el sábado pasado" o "Yo me bauticé una semana antes de que mi esposa estuviera lista para hacerlo". Puede que tú no veas nada malo en tales comentarios, pero es el uso del reflexivo ("bautizarse" y "me bauticé") que me incomodan. Junto al hecho de que en las Escrituras nunca se usa tal lenguaje, se encuentra el que la forma de esos verbos da más la impresión que el bautismo es *algo que nosotros hacemos*.

Cuando decimos que nuestro amigo Jaime *se volvió* rico invirtiendo en el negocio inmobiliario, usualmente nos estamos refiriendo a ello como un logro suyo. Lo mismo podría ser aplicado a nuestra amiga Sara quien regresó a la universidad para obtener su título. Luego de haber obtenido su diploma, podríamos decir que *se graduó* en el año 2013. Inclusive podemos decir que nuestro amigo Logan y su novia María *se casaron* el pasado junio, refiriéndonos a algo que ellos hicieron.

En un sentido negativo, decimos que una persona salió en la noche y *se emborrachó*, comunicando la idea de que esta persona tomó la decisión de hacerlo y es responsable de lo que haya sucedido. Pero puede que te preguntes cuál es el problema con esto. ¿Acaso el bautismo no es algo que nosotros hacemos?

En un sentido muy importante, la respuesta es no. El bautismo tiene mucho más que ver con algo que Dios hace (como Padre, Hijo y Espíritu) en vez de algo que nosotros hacemos. Y varios de nosotros necesitamos cambiar nuestra forma de pensar respecto a este punto. El bautismo es un lugar de gracia y no un lugar donde nosotros mismos "hacemos algo". Bíblicamente esto se puede ver en el hecho de que el bautismo casi siempre se menciona en *voz pasiva*, el cual significa que es una acción realizada hacia nosotros.

Esto es cierto a dos niveles. Físicamente nosotros nos ponemos en las manos de alguien más y esa persona nos sumerge en el agua, pero ello demuestra o representa una verdad espiritual más profunda: nos ponemos en manos de Dios quien nos sumerge en Cristo. Observa algunos de los muchos ejemplos que encontramos en el Nuevo Testamento. En cada uno, doy énfasis en una frase que aparece en voz pasiva en el griego:

- Pedro les dijo: "Arrepiéntanse y *sean bautizados*... [voz pasiva] (Hechos 2:38 NBLH).

- ... tanto hombres como mujeres *se bautizaron* [voz pasiva en el griego], tanto hombres como mujeres (Hechos 8:12).

- Todos *fuimos bautizados* por un solo Espíritu [voz pasiva, y el Espíritu de Dios es quien realiza el bautismo] para constituir un solo cuerpo —ya seamos judíos o gentiles, esclavos o libres—, y a todos se nos dio a beber de un mismo Espíritu (1 Corintios 12:13).

- ¿Acaso no saben ustedes que todos los que *fuimos bautizados* [voz pasiva] para unirnos con Cristo Jesús, en realidad *fuimos bautizados* [voz pasiva] para participar en su muerte? (Romanos 6:3).

- Por tanto, mediante el bautismo *fuimos sepultados* [voz pasiva] con él en su muerte, a fin de que, así como Cristo resucitó por el poder del Padre, también nosotros llevemos una vida nueva (Romanos 6:4).

No es que en este punto estemos siendo demasiado meticulosos. Simplemente estamos fijándonos en que los escritores son muy específicos cuando escogen la voz gramatical de un verbo y esa es la voz pasiva, indicando que el bautismo no es algo que nosotros hacemos, sino algo que es hecho para nosotros. Por supuesto, como los leprosos que fueron donde estaba Jesús, debemos reconocer nuestra necesidad e ir a él por ayuda; pero habiendo hecho eso, debemos admitir que no tenemos el poder para dar muerte a un antiguo modo de vida, sepultarlo y levantarnos para vivir una nueva vida. Solo Dios puede hacerlo.

Puede que no parezca que exista mucha diferencia entre alguien que "se bautizó" y alguien que "fue bautizado", pero los escritores bíblicos escogen de manera consistente la voz pasiva, y estoy convencido de que es por una razón. Nos rendimos a Dios, renunciamos a todas nuestras demandas, confesamos nuestra necesidad y le permitimos hacer lo que únicamente él puede hacer. Y debido a que es bíblicamente correcto y a que existe demasiada confusión en el mundo religioso, debemos constantemente enfatizar que es *algo que Dios ha realizado*.

Respecto a esto, sería mucho mejor y mucho más bíblico no decir cosas como "Me bauticé hace veintisiete años" sino más bien "Hace veintisiete años fui bautizado" o inclusive decir: "Hace veintisiete años quedé unido a Cristo en el bautismo y fui resucitado por el poder de Dios". Usar la voz pasiva y dar más detalles al momento de describir este hecho es espiritualmente correcto y sano. Entiendo nuestra preferencia por el uso de expresiones verbales más cortas y rápidas, pero cuando se trata de algo tan importante, ¿acaso no sería mejor (para otros, así como para nosotros mismos) usar algunas cuantas palabras adicionales para dejar en claro que toda la gloria no es para nosotros, sino que le pertenece a Dios? Lo que ocurre en el bautismo es totalmente obra de Dios.

Todas las cosas que vamos a ver en los siguientes capítulos son "para alabanza de su gloriosa gracia, que nos concedió en su Amado" (Efesios 1:6). La razón por la cual Pablo podía escribir tan apasionadamente sobre el ser salvado por gracia en Romanos 1-5 y luego continuar inmediatamente en Romanos 6 enfatizando lo que nos sucede en el bautismo es porque él logró ver que lo que sucede en el bautismo es una expresión de la gracia de Dios.

Esta es la razón también por la cual él pudo, en Gálatas 1-3, desafiar cualquier teología que dependiera del esfuerzo humano y no en el Espíritu de Dios, y entonces decir al final de tales pasajes: "Todos ustedes son hijos de

Dios mediante la fe en Cristo Jesús, porque todos los que han sido bautizados en Cristo se han revestido de Cristo" (Gálatas 3:26-27). Si él hubiera visto el bautismo como alguna buena obra —una expresión de esfuerzo humano— en la cual nosotros pudiéramos estar tentados de depender, este hubiera sido el último lugar que él hubiera escogido para mencionarlo. Pero, para Pablo, nunca se debe poner el bautismo en contra de la gracia. Lo que ocurre en el bautismo es totalmente debido a la gracia.

Disfruta totalmente de la gracia de Dios

Segundo, yo sugeriría que necesitamos disfrutar completamente de la gracia generosa de Dios. Quizás la palabra *florecer* nos da una idea de cómo hacer esto, si entendemos su significado de "prosperar". Pablo le dio a Timoteo:

> A los ricos de este mundo, mándales que no sean arrogantes ni pongan su esperanza en las riquezas, que son tan inseguras, sino en Dios, que nos provee de todo en abundancia para que lo disfrutemos (1 Timoteo 6:17).

Si Dios ha provisto para nosotros alimento, bebida, belleza y amistades para disfrutar, ciertamente, en el ámbito espiritual, ha dado abundantemente su gracia a nosotros para que la disfrutemos también. La gracia no es solamente una doctrina, sino un estado en el cual vivimos. Es una atmósfera en la cual respiramos. Como si fuera el agua de una piscina donde hemos sido zambullidos, estamos nadando en ella y estamos siendo refrescados por ella.

Robert Webber, al describir el significado del bautismo, relata una historia que encuentro útil para reflexionar profundamente en este tema ¡y también es una que simplemente me encanta contarla varias veces!

El bautismo se expresa mejor con montones de agua, aguas que generosamente van chapoteando y volando por todos lados, como para que no haya forma de no entenderlo. Porque en el bautismo somos zambullidos y sumergidos en Jesucristo, quien restaura a las criaturas y la creación de Dios, mientras nos mantenemos en las aguas bañados en la perpetua gracia de Dios.

Me han contado que en algunas iglesias indígenas de África, muchos son bautizados en el océano. Los convertidos son llevados a la orilla donde los diáconos los toman de las manos y pies, balanceándonos en el aire y luego los lanzan a una ola en el nombre del Padre. Una vez que han sido llevados por las olas de regreso en la orilla, los diáconos los toman de nuevo y los arrojan a otra ola en el nombre del Hijo. Y una tercera vez, lo hacen en el nombre del Espíritu. Sé de buena fuente que esta historia es verdadera.

Esta tradición bautismal en el océano es un gran ejemplo de nuestra voluntad de ser sumergido en las aguas del bautismo, donde queda manifestado de una forma material el creativo poder de Dios de restaurarnos a él mismo, a través de la obra de sus manos. La respuesta correcta es "llévame a esa agua, arrójame en ella, sumérgeme en ella. Quiero que esa agua me recorra totalmente, sobre mí, alrededor mío y a través mío. Y quiero identificarme con Jesús, aquel a través del cual he sido abrazado por Dios"[3].

Si este relato provoca en ti lanzar alguna santa risa, adelante, hazlo. Lo que hago es imaginarme a la congregación en la orilla gritando entusiasta cada vez que la persona es sumergida. Hay un alegre espíritu de celebración aquí que simplemente parece ser correcto. Esta inusual práctica bautismal y los comentarios de Webber al respecto parecen capturar la conexión bíblica que existe entre la gracia y el bautismo: mientras somos zambullidos en abundante agua que puede sumergir y envolvernos, de la misma manera somos zambullidos en abundante gracia. Ola tras ola, ella sigue viniendo, y todo para darnos vida, amor, fuerza y, efectivamente, gozo.

Vivir la vida bautizada significa seguir visualizando una inundación de la gracia de Dios viniendo a nuestro camino.

---

3. Webber, *The Divine Embrace*, 159.

Significa poner un fin a todos nuestros esfuerzos para auto-justificarnos de modo que podemos disfrutar el hecho de que somos hijos e hijas de Dios por su gracia.

Piensa en niños jugando en la piscina de su patio trasero. Imagínalos tirando agua y espuma a sus amigos. Míralos sumergirse, escondiéndose y luego subiendo a la superficie entre alegres gritos. Ahora trata de verte a ti mismo jugando en la piscina de la gracia de Dios, humildemente disfrutando de momentos como estos, como si fueras un niño pequeño.

Nunca abuses de la gracia de Dios

Finalmente, a pesar de que deberías celebrar y disfrutar de la gracia, no debes de abusar de ella. La obra de Dios es crear nuevas personas en Cristo Jesús, quienes se comprometerán por sí mismas a hacer lo que es bueno (Tito 3:8). Confiar en la gracia de Dios nunca significa que debemos pensar que ahora tenemos libertad para pecar, sino que significa que hemos sido liberados del pecado. En Tito 2, Pablo señaló un punto similar:

> En verdad, Dios ha manifestado a toda la humanidad su gracia, la cual trae salvación y nos enseña a rechazar la impiedad y las pasiones mundanas. Así podremos vivir en este mundo con justicia, piedad y dominio propio (vv. 11-12).

Ambos textos en Tito son paralelos a las palabras de Pablo en Efesios 2:

> Porque por gracia ustedes han sido salvados mediante la fe; esto no procede de ustedes, sino que es el regalo de Dios, no por obras, para que nadie se jacte. Porque somos hechura de Dios, creados en Cristo Jesús para buenas obras, las cuales Dios dispuso de antemano a fin de que las pongamos en práctica (vv. 8-10).

Primero viene la gracia, recibida por fe. (En un capítulo posterior vamos a examinar Gálatas 3:26-27, donde la fe y el bautismo se unen). Esto nos hace una nueva creación en Cristo para llevar a cabo la obra que Dios ha planeado de antemano. Si una persona no desea una nueva vida y la nueva obra que esta conlleva, realmente no desea ni confía en la gracia que produce tales cosas. ¿Por qué razón lo podría hacer, considerando que la gracia otorga mucho más que el perdón?

La vida bautizada es una vida de gratitud, pero también de un serio compromiso: el de dar gracia a los pobres así como Dios ha regalado su gracia a nosotros; para mostrar gracia a los que pecan y están perdidos, tal como Dios lo hizo con nosotros; para ser amorosos con nuestros enemigos tal como Dios nos amó mientras éramos sus enemigos, y para perdonar a los que pecan contra nosotros tal como Dios nos ha perdonado. Mientras chapoteamos y jugamos divertidamente en las aguas de la gracia, queremos que esa gracia se derrame de nuestra piscina y se vierta en las vidas de otros. Siempre estamos emergiendo del bautismo para servir. La gracia nos ha transformado. Una vida que está inmersa en Jesús se ve más y más como Jesús.

Pero nosotros, que somos como pequeños peces que seguimos el ejemplo de nuestro Ichthus (ΙΧΘΥΣ), Jesucristo, somos nacidos del agua y no encontramos seguridad en ningún otro medio ni en ninguna otra manera que no sea mantenernos permanentemente en agua…

Preguntas para
estudio individual o en grupos

1. ¿Por qué existe una tendencia en muchos de poner la gracia y el bautismo en diferentes categorías?

2. ¿Cuáles son las razones para considerar el bautismo como algo que Dios hace más que algo que nosotros hacemos? ¿Cuán convencido estás de que esta es la manera correcta de pensar?

3. ¿Cómo aquellos que ven la importancia del bautismo pueden mostrar a otros que la salvación es principalmente por gracia?

4. ¿Qué pensamientos tienes acerca de disfrutar de la gracia de Dios? ¿Es esto algo fácil o difícil para ti?

5. ¿Qué es lo que has aprendido de este capítulo acerca de vivir una vida bautizada?

3

EL BAUTISMO
Y
EL REINO

Jesús habló de muchas cosas, pero tuvo un mensaje central: *el Reino de Dios ha llegado.* Este anuncio retumbó en los oídos de quienes lo oyeron y, a la vez, los confundió. Retumbó en los oídos de la gente judía, debido a que ellos habían estado anhelando por largo tiempo la llegada con poder del Reino de Dios, y sus oídos reaccionaron cuando alguien con cualidades y un carisma únicos dijo que dicho reino estaba ahí.

Sin embargo, su prédica los confundió porque Jesús actuó como si el Reino estuviera llegando justo en medio de la presente época, mientras que la mayoría de ellos creía que la llegada del Reino significaría el fin del mundo actual y la inauguración del tiempo por venir.

En las enseñanzas de Jesús, la llegada del Reino de Dios significó que un orden de vida completamente nuevo estaba abriendo camino en el mundo presente. Es cierto que Jesús enseñó que había una parte de la plenitud del Reino que todavía no había llegado y que llegaría al final de la presente época, pero el reino y la soberanía de Dios ya era evidente en la vida de Jesús.

Es más, el Reino iba a ser visto en las vidas de todos los que se convertirían en sus discípulos. Esto significaba que sería evidente en esta comunidad que Jesús llamó su *ecclesia*, una palabra usualmente traducida como "iglesia". Esta era una palabra que hacía referencia a un grupo convocado a vivir una vida única o a un propósito específico.

En efecto, otros pasajes en el Nuevo Testamento nos dirán que estos discípulos entendieron que su identidad había cambiado tanto que su real ciudadanía estaba en el cielo (Filipenses 3:20). Por consiguiente, su peculiaridad sería tan grande que provocaría la ira de aquellos que estaban alrededor, quienes frecuentemente los tratarían como extranjeros y peregrinos en este mundo (1 Pedro 2:11).

Baptisma: ¿Qué es lo que significa?

¿Qué tiene que ver el acto del bautismo con un concepto tan grande como el del Reino de Dios? Trataremos de ello en un momento, pero primero examinemos con cuidado la palabra "bautismo". Hoy en día hablamos de bautismo en vez de inmersión debido a que cuatrocientos o quinientos años atrás los traductores de la Biblia decidieron *transliterar* la palabra griega en vez de *traducirla*. No nos sorprende que hubiera cierta presión política para hacer esto. Rociar agua se había convertido en la práctica dominante de la iglesia oficial del Imperio Romano y dejar la palabra *baptisma* como inmersión (que es lo que literalmente significa) les habría causado vergüenza a los poderes religiosos.

Su decisión contribuyó a la confusión que ha sido parte del debate continuo sobre este importante evento en las vidas de las personas. En la mayor parte de este libro usaremos los términos bautismo o bautizar (en vez de inmersión o sumergir) porque esa es la terminología a la que estamos acostumbrados, pero debemos mantener en mente el significado inicial de la palabra griega original.

El bautismo que marca un momento decisivo

Para regresar al tema de la conexión entre el bautismo y el Reino de Dios, debemos en realidad empezar con alguien que vino antes de Jesús y que fue el primero en anunciar la llegada de dicho reino. Nos referimos, por supuesto, a Juan, quien curiosamente es llamado el Bautista (o Juan el Sumergidor). Juan no solo fue el primero en anunciar que el Reino de Dios estaba llegando (Mateo 3:2), sino que también fue el primero en llamar a la gente a lo que podríamos describir como "un bautismo que marca un momento decisivo".

Las Escrituras nos dicen que Juan empieza a predicar en el desierto de Judea diciendo: "Arrepiéntanse, porque el reino de los cielos está cerca" (Mateo 3:2). Junto a ello, Juan estaba "predicando el bautismo de arrepentimiento para el perdón de los pecados" (Marcos 1:4). Las inmersiones de diferentes tipos fueron una experiencia común en el judaísmo tanto por ser practicadas por los líderes tradicionales en Jerusalén como por la secta conocida como los Esenios. Estos últimos habían abandonado el judaísmo de ese entonces, debido a lo que consideraron como corrupción del templo, y se habían retirado a un área que conocemos como Qumran, cerca al Mar Muerto.

Sin embargo, en estos dos casos dentro del judaísmo, la inmersión era algo que se repetía frecuentemente, por lo que tales actos son vistos más apropiadamente como "purificaciones" o lavados ceremoniales. Josefo, el historiador judío, implica que los miembros de la comunidad de Esenios se sometían a inmersiones tres veces al día (mañana, mediodía y noche)[1]. El bautismo de Juan fue algo completamente diferente.

Juan no estaba dando a conocer otra práctica de repetitiva inmersión, sino un bautismo que marcaría un momento decisivo (un bautismo de conversión). Era un bautismo de arrepentimiento, una inmersión de aquellos

---

1. *Wars of the Jews* (guerras de los judíos), II, vii.5, 9.

que aceptaban un cambio radical, una inmersión que implicaría mucho más que hacer a una persona limpia ceremonialmente, sino que verdaderamente traería consigo el regalo de Dios: el perdón de los pecados a quien se estaba comprometiendo a sí mismo a una nueva forma de vida. Cuando alguien era bautizado por Juan, claro está que no se despertó al día siguiente diciendo: "Necesito hacer eso de nuevo hoy" (o tres veces hoy). No, lo más probable sería que pensara o dijera: "Necesito recordar lo que hice ayer y vivirlo hoy".

Bautismo y el Reino de Dios

Mientras las noticias sobre Juan se difundían, un gran número de personas iba al desierto a escuchar su predicación, a responder a su llamado y a prepararse para la llegada del Reino de Dios recibiendo el bautismo.

Con su popularidad creciendo, con la atención de las multitudes enfocadas en él y con un increíble poder al alcance de su mano, Juan no siguió el instinto humano normal. En vez de ello, aceptó el plan de Dios y se humilló a sí mismo. Él dijo: "Pero el que viene después de mí es más poderoso que yo, y ni siquiera merezco llevarle las sandalias" (Mateo 3:11b).

No estando Jesús aún en escena, Juan llamó a la gente a no enfocarse en él, sino en el que vendría después. Juan ya estaba demostrando el atributo más esencial e indispensable del Reino venidero: la humildad.

Jesús vio el trabajo de Juan como un momento único y decisivo para Israel y para él. Así que él mismo, también, acudió a Juan. Jesús y Juan estaban en la misma página del Reino, aunque Juan únicamente podía ver de modo parcial lo que Jesús veía. Y por eso leemos:

> Un día Jesús fue de Galilea al Jordán para que Juan lo bautizara. Pero Juan trató de disuadirlo.
> —Yo soy el que necesita ser bautizado por ti, ¿y tú vienes a mí? —objetó.
> —Dejémoslo así por ahora, pues nos conviene cumplir con lo que es justo —le contestó Jesús.
> Entonces Juan consintió (Mateo 3:13-15).

Jesús se incorporó a las multitudes que iban apareciendo y muy probablemente hizo fila con todos los demás con el deseo de poner su cuerpo en las manos de Juan para proceder a la inmersión. Y aquí, vemos de nuevo en Jesús la humildad del Reino. No se siente amenazado por Juan. No tiene el deseo de competir con él. Jesús viene a someterse a Dios a través de Juan.

Llega el turno de Jesús. Se para delante de Juan. El profeta del desierto, de cierta forma, entiende el momento y reconoce a aquel que está ante él. Le dice a Jesús, efectivamente: "Esta no es lo correcto. Yo soy el que necesita recibir el bautismo de ti" (véase Mateo 3:14).

Cuando Jesús explica, con humildad, que Juan debe sumergirlo a él, *Juan se somete a la sumisión de Jesús* (3:15b). Ciertamente Satanás odió esto, la humildad en todos lados. De manera silenciosa, pero poderosa, el Reino de Dios estaba abriendo camino en este mundo.

Pero ¿qué debemos pensar del bautismo de Jesús y su afirmación que "nos conviene cumplir con lo que es justo"? La forma más superficial de entender esto sería decir que fue otro requisito que Dios había añadido, y que ese cumplimiento de toda justicia significaba que Jesús debía tachar esa parte en su lista de cosas por hacer. Lamentablemente, esta es la manera como muchas personas ven esta afirmación y entonces trasladan esta idea al entendimiento que tienen sobre el bautismo en sus propias vidas.

Ya hemos indicado que el bautismo de Juan fue mucho más que un requisito. Fue un "momento" especialmente lleno de significado e importancia. Representó un momento decisivo, un antes y un después. Si bien este bautismo no podía haber significado para Jesús exactamente lo que significó para otros, ¿por qué algunos entonces tan rápidamente piensan que tuvo un significado *menor*? Dada la comprensión que Jesús tenía de los eventos trascendentales que Dios estaba desarrollando en su vida, tenemos toda la razón del mundo para pensar que su bautismo no significó algo *menor*, sino algo *mayor.* Disculpen el juego de palabras, pero respecto al bautismo de Jesús estamos en aguas profundas. Los estudiosos han intentado por años explorar en estas aguas, pero seguramente ninguno ha logrado obtener todas las respuestas. Pero considera los siguientes pensamientos:

1. *La respuesta de Dios Padre al bautismo de Jesús muestra que este fue un evento trascendental.* Tan pronto como Jesús subió del agua, "en ese momento se abrió el cielo, y él vio al Espíritu de Dios bajar como una paloma y posarse sobre él. Y una voz del cielo decía: 'Éste es mi Hijo amado; estoy muy complacido con él'" (Mateo 3:16-17).

Únicamente tres veces en el Nuevo Testamento se nos dice que la voz de Dios vino del cielo: en el pasaje anterior, en el Monte de la Transfiguración y durante los hechos descritos en Juan 12 cuando Jesús se comprometió a ir y morir. ¿Qué es lo suficientemente importante para provocar que el cielo se abra, para que el Espíritu Santo descienda "como una paloma y posarse sobre él", para que Dios efectivamente declare: "Miren a mi hijo; yo lo amo y estoy complacido con él"? Aparentemente, ¡un bautismo! En este caso, el bautismo de Jesús.

Uno encuentra creyentes que dicen que la razón principal para ser bautizados es seguir el ejemplo de Jesús. Sin embargo, resulta irónico que esta forma de pensar frecuentemente vaya de la mano con la opinión de que el bautismo juega un rol no central, sino secundario en la vida espiritual de uno. Forma parte de la manera de pensar sobre "requisitos" que dice: "Jesús lo hizo y por eso necesito hacerlo". Pero es bastante frecuente que, para las personas que piensan así, el bautismo se convierte en algo sin significado para la vida en Cristo, dado que para ellos casi todo aquello que tiene importancia se encuentra en algún otro lugar.

Lo que fuera que vayamos a decir del bautismo de Jesús, no podemos negar que no fue únicamente un evento que causó estruendo en la tierra, sino que también en el cielo. El día en que Jesús descendió en las aguas y fue sepultado en el bautismo y levantado por Juan fue un día de mucha importancia y lleno de significado. Inmediatamente explotaron los fuegos artificiales del cielo. El Espíritu llegó precipitándose. Dios hizo retumbar su aprobación.

Existen diferencias entre nuestro bautismo y el bautismo de Jesús, pero, tal como veremos, en ambos casos algo grandioso sucedió. Y si ello no encaja con nuestras enseñanzas ni entendimiento, pues entonces será necesario realizar algunas correcciones importantes.

2. *Al ser bautizado Jesús, hizo algo crucial para hacer avanzar el Reino de Dios.* Esta es la única conclusión a la

que podemos llegar del primer punto que acabamos de hacer. El enfoque de Jesús era el Reino de Dios; su predicación posterior deja ello en claro. Dios lo estaba usando para traer el Reino a la era presente. Por lo tanto, esta explosiva respuesta a su bautismo significaba que él había tomado el primer y gigantesco paso para cumplir esa meta.

Pero ¿por qué fue bautizado Jesús? ¿Por qué estaba él tan determinado a dejar que ello sucediera? ¿Por qué el Padre respondió con una aprobación no vista antes? El fin de la predicación de Juan fue preparar el camino para alguien que iba a venir después de él. Él predicaba sobre el bautismo de arrepentimiento para el perdón de los pecados. Si tú o yo estuviéramos escribiendo el guion, probablemente decidiríamos que — considerando que la prédica de Juan estaba preparando a todos para Jesús y dado que posteriormente aprendemos que él no necesitaba arrepentirse o ser perdonado de pecado— Jesús no tenía necesidad de ir al Jordán y ser sumergido. Pero los caminos del hombre no son los de Dios.

El Mesías no iba a reunir ordenadamente a los patriotas de Israel ni iba a liderarlos contra los extranjeros. Tampoco iba a excluirse a sí mismo del bautismo debido a su posición superior. Con la mentalidad expresada en Isaías 53 (el cual era tan desconcertante y malentendido por el pueblo judío), Jesús ingresaría al mundo de aquellos que estaban perdidos en la oscuridad del pecado e inauguraría su ministerio acompañándolos en el bautismo. Él que no cometió pecado alguno daría inicio al proceso de cargar el pecado de otros humillándose a sí mismo ante el predicador del arrepentimiento y bautismo.

El bautismo de Jesús hizo una declaración. Pero aquí hay un hecho que frecuentemente es dejado de lado: su bautismo representó una elección que realizó en libertad. Seguramente, la lógica lo tentó a evitar ser visto simplemente como otro miembro de la población. ¿Por qué debería serlo? Pero su enfoque en el Reino de Dios lo llevó a colocarse entre ellos y empezar el viaje hacia la cruz donde sería, en palabras de Isaías, "traspasado por nuestras rebeliones y molido por nuestras iniquidades". La humanidad necesitaba limpieza y, para traerla, Jesús necesitaba sumergirse con ellos en el agua del bautismo.

El Reino de Dios iba a voltear de cabeza el pensamiento del hombre. Al buscar y someterse al bautismo, Jesús estaba libremente escogiendo el camino de completa humildad del Reino y estaba siguiendo la práctica profética de traer la verdad de Dios no solo con palabras, sino con acciones.

En el bautismo, Jesús hizo una declaración. Y entonces Dios hizo una declaración. Pero entonces una cosa adicional vino de Dios. De hecho, alguien más vino de parte de Dios, y ese alguien era su Espíritu, el Espíritu Santo que vino como una paloma y posó sobre Jesús. A pesar de que Juan no predicó un bautismo que traería el Espíritu, él es exactamente quien vino a Jesús. Esta acción no solo mostró el respaldo que Dios hacía de Jesús, sino que demostraba que el poder de Dios estaría con él. De manera significativa para nosotros, también prefiguró el regalo del Espíritu Santo que pronto acompañaría al bautismo hecho en el nombre de Jesús.

Examinaremos el tema del Espíritu y el bautismo en el capítulo 7.

Después de la inauguración del ministerio de Jesús, ¿cuál sería el rol continuo de la inmersión en agua? Juan había dicho: "Yo los bautizo a ustedes con agua para que se arrepientan. Pero el que viene después de mí es más poderoso que yo, y ni siquiera merezco llevarle las sandalias. Él los bautizará con el Espíritu Santo y con fuego" (Mateo 3:11).

¿Significó esto que el bautismo de Jesús era un cumplimiento que puso fin a esta práctica? La inmersión, ¿ya no sería de aquí en adelante un acto físico, sino que ahora sería la experiencia de ser inundado por el Espíritu Santo y un celo intenso (o quizás, un feroz juicio para aquellos que rechazarían el Reino de Dios)?

No hay ningún indicio de que el bautismo de Jesús pusiera fin a la práctica del bautismo en el agua. Por el contrario, el cuarto Evangelio nos cuenta que tanto los discípulos de Juan como los de Jesús continuaron con la inmersión de sus nuevos seguidores (Juan 3:22-27, 4:1-3).

Ha habido abundante debate y especulación respecto a la relación del bautismo practicado por Juan y el practicado por los discípulos de Jesús antes de su muerte y resurrección. ¿Fueron los dos lo mismo o había algo peculiar en el bautismo realizado en el ministerio de Jesús? Simplemente no lo sabemos, dada la escasez de material. Todo lo que podemos decir es que estos dos hombres, quienes simultáneamente estaban proclamando el Reino venidero, estaban llamando a la gente a someterse al bautismo como un acto significativo que de cierta forma los relacionó y conectó con la entrada del tiempo venidero.

Lo que resulta más interesante y que nos enseña mucho es que las dos referencias al tema de que el bautismo continuaba en el ministerio de Juan y Jesús aparecen justo después de la más importante enseñanza que hay en el Evangelio de Juan respecto a entrar en el Reino de Dios. Debemos examinar estas palabras que aparecen en Juan 3:

> Había entre los fariseos un dirigente de los judíos
> llamado Nicodemo. Éste fue de noche a visitar a

Jesús.

—Rabí —le dijo—, sabemos que eres un maestro que ha venido de parte de Dios, porque nadie podría hacer las señales que tú haces si Dios no estuviera con él.

—De veras te aseguro que quien no nazca de nuevo no puede ver el reino de Dios —dijo Jesús.

—¿Cómo puede uno nacer de nuevo siendo ya viejo? —preguntó Nicodemo—. ¿Acaso puede entrar por segunda vez en el vientre de su madre y volver a nacer?

—Yo te aseguro que quien no nazca de agua y del Espíritu, no puede entrar en el reino de Dios —respondió Jesús—. Lo que nace del cuerpo es cuerpo; lo que nace del Espíritu es espíritu. No te sorprendas de que te haya dicho: "Tienen que nacer de nuevo" (Juan 3:1-7).

En Juan 3 y en los versículos iniciales de Juan 4, esto es, pues, lo que encontramos:

1. Jesús tiene una conversación con un líder entre los fariseos, Nicodemo, quien sorprendentemente se le aproxima con el propósito de ratificar sus enseñanzas y ministerio. Jesús introduce el tema del Reino de Dios y le dice que nadie puede entrar en él a menos que experimente un nuevo nacimiento (o quizás más

apropiadamente dicho, un nacimiento desde el cielo). Cuando Nicodemo pregunta cómo podría suceder esto, Jesús le responde que uno debe nacer de agua y del Espíritu para entrar en el Reino de Dios.

2. Aparentemente Juan, el autor del Evangelio, añadió comentarios sobre estos eventos y sobre la naturaleza del trabajo de Jesús.

3. Entonces, en este contexto, leemos: "Después de esto Jesús fue con sus discípulos a la región de Judea. Allí pasó algún tiempo con ellos, y bautizaba" (v. 22).

4. Se nos cuenta que Juan continuaba con su ministerio y estaba bautizando porque aún no había sido encarcelado (vv. 23-24).

5. Se describe a ciertos judíos quienes se ven confundidos respecto a la relación entre el trabajo de Juan y el de Jesús, aparentemente preguntando si el ministerio de Jesús iba a suplantar el de Juan (vv. 25-26).

6. Juan humildemente contesta: "Nadie puede recibir nada a menos que Dios se lo conceda" (v. 27), y luego prosigue diciendo: "A él le toca crecer, y a mí menguar" (v. 30).

7. Esta sección termina con los primeros tres versículos del capítulo 4, en los cuales los fariseos se dan cuenta del mayor número de bautismos que están sucediendo en el ministerio de Jesús en comparación con el de Juan. Por eso, Jesús decide ir a otro sitio, aparentemente para evitar

cualquier indicio de competencia.

Nuevo nacimiento al Reino de Dios

No podemos estar seguros si Nicodemo veía a Jesús como el Mesías esperado. Él lo veía como a alguien que venía de Dios. Jesús usa la ocasión para plantear un tema que sin dudas Nicodemo había frecuentemente estudiado y del que había debatido. Como miembro activo de uno de los más devotos grupos judíos, habría tenido ciertamente la expectativa de que formaría parte del Reino venidero de Dios.

Sin embargo, escucha que no entrará en él a menos que experimente un nuevo nacimiento, uno que Jesús, rápidamente, dice que es "de agua y del Espíritu".

Después de la conversación, Nicodemo probablemente vio lo que el Evangelio de Juan sigue describiendo como un creciente movimiento del Reino de Dios que implicaba numerosos bautismos, tanto por el ministerio de Juan como por el de Jesús. Vale la pena mencionar que los líderes de las iglesias de los siglos dos y tres estaban unidos en el entendimiento de que la frase "nacido de agua", señalada en Juan 3, se refería al bautismo[2].

El Reino estaba abriendo camino en el mundo. Juan el

---

2. Incluido en este grupo estaría Justino Mártir ("First Apology," Ante-Nicene Fathers, vol. 1 ["primera apología", padres antenicenos, vol. 1], página 183); Clemente ("Recognitions of Clement," Ante-Nicene Fathers, vol. 8 ["reconocimientos de Clemente", padres antenicenos, vol. 8], página 155); Teófilo de Antioquía (To Autolycus [a Autolycus] 12:16), y Cipriano (Letters [cartas] 71[72]:1).

Bautista lo introdujo. Estaba siendo visto en Jesús. Ahora Jesús enseña que se trata de un tipo tan diferente de vida que nadie podría compartirla (ni vivirla) sin pasar por un nuevo nacimiento, un nacimiento desde el cielo, un nacimiento de los nuevos tiempos. Este nuevo nacimiento vendría a través de la sumisión a Dios en las aguas del bautismo y al recibir el Espíritu Santo. Si esto no quedara perfectamente claro, lo será en los textos posteriores, específicamente en el libro de Hechos. Tal como ya hemos señalado, Pablo más tarde lo describiría de esta manera: "Nos salvó mediante el lavamiento de la regeneración y de la renovación por el Espíritu Santo, el cual fue derramado abundantemente sobre nosotros por medio de Jesucristo nuestro Salvador" (Tito 3:5b-6).

El bautismo juega un rol esencial no solo en la inauguración y continuación del ministerio del Reino que tenía Jesús, sino también en sus órdenes para lograr su avance después de su muerte y resurrección. De todos los cuatro Evangelios, el de Mateo hace más énfasis en el mensaje de Jesús sobre el Reino de Dios. Su libro termina con estas palabras muy conocidas:

> Jesús se acercó entonces a ellos y les dijo:
> —Se me ha dado toda autoridad en el cielo y en la tierra. Por tanto, vayan y hagan discípulos de todas las naciones, bautizándolos en el nombre del Padre

y del Hijo y del Espíritu Santo, enseñándoles a
obedecer todo lo que les he mandado a ustedes. Y
les aseguro que estaré con ustedes siempre, hasta el
fin del mundo (Mateo 28:18-20).

En este encargo, al que usualmente llamamos la Gran
Comisión, Jesús repite algo que había dicho antes de su
muerte: "Y este evangelio del reino se predicará en todo el
mundo como testimonio a todas las naciones, y entonces
vendrá el fin" (Mateo 24:14).

En su ministerio del Reino, Jesús está cumpliendo todo
lo que se le dijo a Abraham, Isaac y Jacob acerca de que su
descendencia sería una bendición para todos los pueblos
de la tierra. Dios había anhelado que Israel lo fuera, pero
ahora Jesús es el Israel que siempre había deseado. Ahora
Jesús, quien había sufrido para que todos se acercaran a
Dios, envía a sus discípulos a predicar el evangelio del
Reino a todas las naciones. Considerando lo que ya hemos
estudiado, no debería sorprendernos que el encargo de
hacer discípulos incluyera la orden de bautizar. Y se nos
dice que esto debe ser hecho en el nombre del Padre, del
Hijo y del Espíritu Santo.

Inmediatamente podríamos pensar que esto significa
que cuando bautizamos a alguien tenemos que estar
seguros de que se usen las palabras correctas o la fórmula
adecuada. Usar las palabras correctas está bien y es algo

bueno, pero esta preocupación probablemente está perdiendo de vista el punto más importante. Tanto en las culturas hebreas como griegas decir "en el nombre de'" tenía significados que son relevantes y están bastante conectados. Combinando los matices de significado, podríamos decir que ser bautizado en el nombre del Padre, Hijo y Espíritu significó que uno era bautizado en relación al Padre, debido al Hijo y para estar en una relación con el Espíritu, así como para pertenecer a Dios, someterse al Hijo y mostrar la posesión del Espíritu.

Todo esto indica que el bautismo es algo que se trata de relaciones y no es algo mecánico. El bautismo no precisamente tiene que ver con hacer algo usando las palabras y las formas correctas, sino que se trata de hacer algo que nos lleva a una nueva relación con el Dios trino, una relación en la cual hemos rendido el control a Dios como Padre, Hijo y Espíritu. Ser bautizado en respuesta a las buenas noticias del Reino de Dios es colocar nuestro ser bajo el reinado de Dios y pertenecer completamente al verdadero Rey.

Entonces, ¿qué significa vivir la vida bautizada? Esto significa...

- Vivir la vida del Reino de Dios.

- Vivir como un ciudadano del cielo.

- Vivir como un extranjero y peregrino en este mundo.

- Prometer fidelidad a únicamente un Rey y a una sola santa nación.

- Comprometerse a "obedecer todo lo que [él ha] mandado" (Mateo 28:20).

- Asumir las actitudes propias del Reino, tales como pobreza de espíritu, mansedumbre y pureza de corazón.

- Vencer el mal con el bien y amar a nuestros enemigos.

- Acumular tesoros en el cielo y no en la tierra.

- Cuidar de los pobres.

- Estar dedicado a "[hacer] discípulos de todas las naciones" (Mateo 28:19).

Vivir la vida bautizada es orar: "Padre, venga tu reino, hágase tu voluntad en la tierra como en el cielo".

No hay ninguna historia, sino la de Dios;
no hay más Dios, sino el Padre, el Hijo y el Espíritu;
y no hay vida, sino la vida bautizada.

Preguntas para
estudio individual o en grupos

1. ¿Qué ideas has tenido en el pasado respecto a por qué Jesús se dirigió para ser bautizado por Juan?

2. ¿Qué significado debemos atribuir al hecho de que Dios, el Padre, da tan fuerte aprobación del bautismo de Jesús? Especialmente, ¿qué significado debe tener para nosotros?

3. ¿Qué nuevas ideas encontraste en este capítulo y qué es lo que piensas acerca de ellas?

4. ¿Si te pidieran explicar la conexión existente entre el Reino de Dios y el bautismo, qué dirías?

5. ¿Cuáles son las formas de vida normales que son desafiadas por la idea de vivir la vida del Reino?

EL BAUTISMO Y LA SALVACIÓN

Jesús enseñó cómo la nueva vida del Reino de Dios podía ser vivida en la época actual. Si alguno fuera a escuchar muchas de las prédicas de las iglesias actuales que dicen ser "con enfoque bíblico", esta persona muy probablemente quedaría con la impresión de que Jesús hablaba casi exclusivamente de recibir perdón de pecado a fin de que pueda ir al cielo cuando muera. Uno escucharía poco sobre el Reino de Dios.

Aunque enfatizar demasiado en ser perdonado a fin de ir al cielo sería muy desorientador, el mensaje de la salvación sí era un elemento muy importante en la enseñanza de Jesús; era parte de su evangelio sobre el Reino y ciertamente era un tema en los restantes capítulos del Nuevo Testamento.

El significado de la salvación

Cuando el Nuevo Testamento habla de la salvación, debemos tener en mente que ello no siempre significa salvación respecto al pecado, como aparentemente sucede en un pasaje a inicios de Lucas sobre Jesús:

> Nos envió un poderoso salvador
> en la casa de David su siervo
> (como lo prometió en el pasado por medio de sus
> santos profetas),
> para librarnos de nuestros enemigos
> y del poder de todos los que nos aborrecen
> (Lucas 1:69-71).

"Salvación" es otra palabra para "liberación", que se evidencia claramente en este pasaje, y puede tratarse de liberación de cosas tales como enemigos, esclavitud, servidumbre o pruebas. "Salvado" es ciertamente usado en este amplio sentido al momento de la crucifixión cuando Jesús recibe las burlas de sus verdugos:

> La gente, por su parte, se quedó allí observando, y aun los gobernantes estaban burlándose de él.
> —Salvó a otros —decían—; que se salve a sí mismo, si es el Cristo de Dios, el Escogido.
> También los soldados se acercaron para burlarse de él. Le ofrecieron vinagre y le dijeron:
> —Si eres el rey de los judíos, sálvate a ti mismo"
> (Lucas 23:35-37).

Sin embargo, no cabe duda de que la salvación o liberación del pecado es a lo que evidentemente se refería, cuando escuchamos las palabras del ángel a Zacarías, el padre de Juan el Bautista:

> "Y tú, hijito mío, serás llamado profeta del Altísimo,
> porque irás delante del Señor para prepararle el camino.
> Darás a conocer a su pueblo la salvación
> mediante el perdón de sus pecados" (Lucas 1:76-77).

La salvación en este texto está claramente vinculada al perdón de los pecados, aunque no se iguala totalmente a ella. El Evangelio de Mateo registra palabras dichas a José por otro ángel, haciendo esta conexión aún más clara.

> "Dará a luz un hijo, y le pondrás por nombre Jesús,
> porque él salvará a su pueblo de sus pecados"
> (Mateo 1:21).

No podemos decir que las expectativas judías respecto al Reino de Dios estuvieron muy enfocadas en el perdón de los pecados o en la salvación de los pecados. Por lo general, pareciera que los judíos se veían a sí mismos al lado de Dios; simplemente estaban esperando que él hiciera su intervención y les trajera liberación de sus opresores, dándoles el lugar que siempre había planeado para ellos.

Sin embargo, podemos apreciar de estos angelicales anuncios que Dios vincula el Reino venidero con el perdón de los pecados, lo cual era una verdadera necesidad. Y es únicamente después de que esto haya ocurrido que las personas podrían disfrutar de una relación con él bajo sus mandatos y reinado.

Todo esto encaja con la predicación de Juan el Bautista, descrita por primera vez por Marcos de esta manera:

> Así se presentó Juan, bautizando en el desierto y predicando el bautismo de arrepentimiento para el perdón de pecados. Toda la gente de la región de Judea y de la ciudad de Jerusalén acudía a él. Cuando confesaban sus pecados, él los bautizaba en el río Jordán (Marcos 1:4-5).

La proclamación del Reino de Dios está acompañada por el llamado a un bautismo descrito como uno "de arrepentimiento" y "para el perdón de pecados". Como vimos en el capítulo 3, tal prédica fue rápidamente respaldada por Jesús, pidiendo él mismo a Juan que lo bautizara.

Cerca del inicio de su ministerio, Jesús habló del perdón de pecados cuando sanó al hombre paralítico, quien había sido llevado a Jesús por sus amigos. A pesar de que no parecía que ninguno de ellos había llegado allí buscando perdón para el paralítico, "tus pecados quedan perdonados" son las primeras palabras de Jesús a este hombre. Luego, él continúa sanando sus piernas inmóviles, dejando en claro que "el Hijo del hombre tiene autoridad en la tierra para perdonar pecados" (Marcos 2:10).

Posteriormente, Jesús le dice a la mujer pecadora que había ungido los pies de él con sus lágrimas y los había secado con sus cabellos: "Tus pecados quedan perdonados" (Lucas 7:48). El Reino de Dios se trata de muchos elementos y, evidentemente, incluye perdón, salvación y liberación de pecado.

Por ello, después de su resurrección, el Cristo resucitado les dice a los hombres que iban camino a Emaús:

> —Esto es lo que está escrito —les explicó—: que el Cristo padecerá y resucitará al tercer día, y en su nombre se predicarán el arrepentimiento y el perdón de pecados a todas las naciones, comenzando por Jerusalén (Lucas 24:46-47).

Cuando Juan había predicado sobre un bautismo de arrepentimiento para el perdón de pecados, aparentemente estaba predicando mayormente a los judíos, pero ahora Jesús deja en claro que las promesas de larga trascendencia hechas por los profetas iban a ser cumplidas: los gentiles serían incluidos. Sus palabras de perdón llegarían a todas las naciones.

Bautismo en el nombre de Jesús

El bautismo parece desaparecer de la historia después de los capítulos iniciales de los Evangelios y no se hace referencia a él en estas palabras finales de Lucas. Este hecho puede llevar a que uno se pregunte si este acto habría cumplido su propósito durante un tiempo de transición. Sin embargo, ya hemos visto cómo el mandato hecho por Jesús resucitado de hacer discípulos y bautizarlos llevó a la culminación del Evangelio de Mateo.

Y entonces, tan pronto como entramos al libro de Hechos, el cual registra la continuación del ministerio de Jesús a través del Espíritu Santo y de los apóstoles, es Lucas quien no solo describe este llamado a ser bautizado, sino que muestra la clara conexión que existe entre el bautismo y el perdón de los pecados.

Tengamos en cuenta la conclusión al sermón de Pedro en Hechos 2:

> »Por tanto, sépalo bien todo Israel que a este Jesús, a quien ustedes crucificaron, Dios lo ha hecho Señor y Mesías.»
> Cuando oyeron esto, todos se sintieron profundamente conmovidos y les dijeron a Pedro y a los otros apóstoles:
> —Hermanos, ¿qué debemos hacer?
> —Arrepiéntase y bautícese cada uno de ustedes en

el nombre de Jesucristo para perdón de sus pecados —les contestó Pedro—, y recibirán el don del Espíritu Santo. En efecto, la promesa es para ustedes, para sus hijos y para todos los extranjeros, es decir, para todos aquellos a quienes el Señor nuestro Dios quiera llamar.

Y con muchas otras razones les exhortaba insistentemente:

—¡Sálvense de esta generación perversa!

Así, pues, los que recibieron su mensaje fueron bautizados, y aquel día se unieron a la iglesia unas tres mil personas (Hechos 2:36-41).

Los milagrosos eventos de ese día de Pentecostés y la poderosa predicación de Pedro habían convencido a gran parte de la muchedumbre de que ellos habían pecado gravemente al rechazar al Mesías enviado por Dios. La respuesta de Pedro les dio esperanza. Ellos podían arrepentirse, depositar su fe en Jesús y demostrar esta nueva orientación en su actitud y mente al ser bautizados con el bautismo *"en el nombre de Jesucristo"*, siendo este *"para perdón de sus pecados"* (2:38).

El hecho de que el bautismo es realizado en el "nombre de Jesucristo" nos recuerda el punto al que nos referimos al inicio del libro: *el bautismo no significa nada aparte de Jesús.* Lo que hizo que el bautismo produjera perdón de pecados no fue el acto en sí mismo o, ni Dios lo permita, algo en el agua, sino el hecho de que fue realizado "en el nombre de Jesús el Mesías", lo que indica que la persona involucrada se había acercado a Jesús, había colocado su confianza en él y había buscado a él para ser perdonado. En palabras sencillas, lo que produjo el perdón de los pecados era *Jesús.*

Aun así, en esa época no había todavía ningún debate respecto del momento exacto en que uno es perdonado, haciendo preguntas tales como "¿Es uno perdonado cuando simplemente cree, o cuando se arrepiente, o únicamente después de que ha creído, se ha arrepentido y se ha bautizado?" Más bien, simplemente se habría dado una celebración al saber que la gracia de Dios estaba disponible y que uno podía recibirla alejándose de un antiguo estilo de vida y volviéndose a Jesús y obedeciendo las buenas nuevas al someterse al bautismo en el nombre de él. Nadie presente ese día y que haya sido testigo de la escena donde tres mil fueron bautizados podría haber cuestionado si había alguna conexión entre el bautismo *en el nombre de Jesucristo* y la salvación y perdón de pecados.

No fue hasta diecisiete o dieciocho cientos de años después, cuando muchos se dedicaron a leer cada texto bíblico a través del dogma de "solo por fe", que apareció el torturado tipo de exegesis por el cual se podría concluir que únicamente el arrepentimiento y no el bautismo era vinculado al perdón o que el bautismo era realizado únicamente porque los pecados de uno ya habían sido perdonados.

En el libro de Hechos tenemos muchas historias de conversiones a Jesús, y en casi todas, se incluye referencia de que la persona fue bautizada. De hecho, tenemos tres reportes de la conversión de Saulo, dos de los cuales fueron realizados mediante las propias palabras de Pablo (Saulo). El más claro de los dos se encuentra en Hechos 22 donde él describe su impactante encuentro con Jesús camino a Damasco, cómo ello lo llevó a una ceguera temporal y cómo llegó hasta él un hombre. Aquí figura el relato de Pablo respecto a lo que ocurrió posteriormente, tal como lo señala Lucas:

> "Se puso a mi lado y me dijo: 'Hermano Saulo, ¡recibe la vista!' Y en aquel mismo instante recobré la vista y pude verlo. Luego dijo: 'El Dios de nuestros antepasados te ha escogido para que conozcas su voluntad, y para que veas al Justo y oigas las palabras de su boca. Tú le serás testigo ante toda persona de lo que has visto y oído. Y ahora, ¿qué esperas? Levántate, bautízate y lávate de tus pecados, invocando su nombre'" (Hechos 22:13-16).

Saulo tuvo tres días de oscuridad para contemplar su oposición hacia el tan esperado Mesías de Dios. Su mente de seguro repasó una y otra vez los acontecimientos ocurridos en los meses recientes, hasta que él llegó a entender, tal como escribiría más tarde, que él era "un blasfemo, un perseguidor y un insolente" (1 Timoteo 1:13) y nada menos que el primero entre los pecadores (1 Timoteo 1:15). Ahora, había llegado un hombre que le devolvió la vista y le dio que Dios tenía planes para él. Pero, quizás lo mejor de todo, le dijo que sus pecados podían ser lavados.

Bautismo: la verdadera "oración del pecador"

El mensaje que Saulo recibió era como el de Hechos 2. Era un mensaje acerca de la oración del pecador, solo que no se trataba de aquello enseñado tan frecuentemente en nuestros días. Saulo debía *invocar el nombre del Señor*, el Justo a quien él había visto y oído, pero tenía que hacerlo en el bautismo, donde sus pecados serían lavados. ¿Podría ser que este lenguaje (que únicamente aparece aquí), aunque verdadero para todos nosotros, estaba especialmente dirigido a Saulo? Seguramente él estaba sintiendo el peso de una enorme culpa y necesitaba la imagen de algo lo suficientemente maravilloso que pudiera quitarla totalmente. Por tanto, así como potentes inundaciones remueven los cimientos de las casas y las hacen desaparecer, a Pablo se le aseguró que su pecado podía ser removido poderosamente. Hoy en día se nos asegura lo mismo.

Pero una vez más, ¿cuál es la clave? Esta es: "Invocando su nombre". El bautismo no quita el pecado a menos que nos sometamos a ello con un enfoque en Jesús y con un corazón que le invoque. Pero cuando tenemos ese corazón y el bautismo es realizado en su nombre, invocando a él, provoca una inundación de gracia y perdón que se lleva lejos nuestros pecados. El bautismo es la ocasión cuando alcanzamos perdón, pero esto ocurre únicamente debido a que es el momento designado por Dios para invocar el nombre de Jesús, haciendo la confesión de que él es nuestro Señor y Salvador.

En un pasaje inusual, Pedro —el apóstol que fue el primero en llamar la gente para que sea bautizada en el nombre de Jesús para el perdón de sus pecados— describe el bautismo usando términos aplicables a una oración cuando escribe acerca de sus conexiones con la salvación. Debemos prestar cuidadosa atención para captar su punto y no desviarnos por una o dos frases difíciles:

Porque también Cristo (el Mesías) murió por los pecados una sola vez, el justo por los injustos, para llevarnos a Dios, muerto en la carne pero vivificado en el espíritu. En el espíritu también fue y predicó a los espíritus encarcelados, quienes en otro tiempo fueron desobedientes cuando la paciencia de Dios

> esperaba en los días de Noé durante la construcción
> del arca, en la cual unos pocos, es decir, ocho
> personas, fueron salvadas por medio del agua.
>
> Y correspondiendo a esto, el bautismo ahora los
> salva a ustedes, no quitando la suciedad de la carne,
> sino como una petición a Dios de una buena
> conciencia, mediante la resurrección de Jesucristo (1
> Pedro 3:18-21 NBLH).

Está más allá de nuestro propósito actual explorar
todos los elementos de este fascinante y difícil texto, pero
en el pensamiento de Pedro hay un paralelo entre el agua
en los días de Noé y el bautismo cristiano. Aquí hay tres
diferentes traducciones de la frase clave en el versículo 21:

- "el agua, la cual simboliza el bautismo que ahora los salva
  también a ustedes" (NVI)

- "aquella agua representaba el agua del bautismo, por
  medio del cual somos ahora salvados" (DHH)

- "por agua… a la figura de la cual el bautismo que ahora
  corresponde nos salva" (RVA)

Nosotros, de modo natural, pensamos en el arca como
aquello que salvó a ocho almas en los días de Noé, pero
en la analogía de Pedro, el agua es por el cual "fueron
salvadas" debido a que separó a la familia del antiguo
mundo pecador. De una manera similar los cristianos han
pasado a través de las aguas del bautismo y han sido

salvados de una antigua vida pecadora e incorporados a un nuevo reino. Pero Pedro rápidamente aclara lo que está queriendo decir al señalar que el bautismo "salva". No es debido a que el hecho físico remueva algo exterior, sino que salva por dos razones.

Primero, el bautismo es una petición a Dios de una conciencia limpia (1 Pedro 3:21 NBLH). Es en este sentido que es correcto llamar al bautismo "la oración del pecador". Tal como ocurrió en el caso de Pablo, es allí donde invocamos el nombre del Señor y reconocemos nuestra necesidad de él.

Segundo, el bautismo obtiene todo su poder de Jesús, y en este caso, Pedro se refiere a que ese poder proviene de "la resurrección de Jesucristo". No nos hubiera sorprendido si él hubiera dicho aquí que proviene de la cruz de Jesucristo, pero en el pensamiento del Nuevo Testamento, ambos conceptos siempre van juntos. Hablar de uno incluye hacer referencia al otro. La conclusión de este pasaje en 1 Pedro es que el bautismo sí conlleva liberación (es decir, nos salva) pero no es porque se trate de algo "bueno" que nosotros hacemos. Más bien, es una súplica a Jesús, quien a través del poder de su resurrección es capaz de salvar a quienes se encuentran en necesidad.

Viviendo la vida bautizada

Mientras hacemos un intento por valorar lo que

significa vivir la vida bautizada, regresemos a Saulo (quien pronto se volvería Pablo) y su experiencia. Días antes de que Ananías fuese donde él estaba, se encontraba postrado, cegado por una poderosa luz y preguntando: "¿Quién eres, Señor?" y escuchando lo que debía haber sido, al menos en ese momento, una respuesta aterradora: "Yo soy Jesús, a quien tú persigues…"

Durante varias semanas, o quizás más tiempo, Saulo había estado descargando toda su energía, oponiéndose al floreciente movimiento de Jesús. Ahora era claro que toda su justicia era en realidad un trapo sucio. "Yo soy Jesús, a quien tú persigues…" Pero seguramente más tarde él habría estado de acuerdo con la letra de la fabulosa canción inglesa "Oh, Happy Day" creada bajo inspiración de su propia historia, que se traduce como: "Dichoso día, Oh qué feliz día, aquel cuando Jesús lavó mis pecados".

Tal como hemos visto, un espíritu dispuesto a confesar es algo que debe siempre acompañar al bautismo. Reconocemos nuestros propios pecados y necesidad, confesamos tal necesidad y clamamos a Jesús pidiéndole que nos limpie y perdone. Por lo tanto, la vida bautizada tendrá como característica un constante espíritu dispuesto a confesar. No hay lugar aquí para la auto-justificación. Debemos seguir humillándonos ante Dios y ante otros, tal como hicimos en el bautismo.

Es fácil creer que por el resto de su vida, Pablo, una y otra vez, se vería a sí mismo emergiendo de las aguas del bautismo, sabiendo que a través de Jesús toda su necedad, orgullo religioso y venenoso espíritu crítico eran lavados y borrados.

Teniendo en cuenta ello, no nos sorprende que Pablo escribiera: "Sean bondadosos y compasivos unos con otros, y perdónense mutuamente, así como Dios los perdonó a ustedes en Cristo" (Efesios 4:32) y "que se toleren unos a otros y se perdonen si alguno tiene queja contra otro. Así como el Señor los perdonó, perdonen también ustedes" (Colosenses 3:13). Vivir plenamente el bautismo de uno significa maravillarse del perdón obtenido y estar muy deseoso de perdonar a otros.

Cadena de favores

Como resultado de la terrible balacera sucedida en una escuela en Newtown, Connecticut, EEUU, en diciembre de 2012, la periodista Ann Curry inició una campaña en las redes sociales para animar a la gente a comprometerse a realizar veintiséis actos de bondad en honor de las veintiséis víctimas. Durante semanas la gente escribió para contar que iba haciendo cosas tales como pagar el peaje de la persona que estaba detrás de ellos o pagar la cuenta de alguien en un restaurante. La frase "cadena de favores" que alguna vez se hiciera popular a raíz de una película difundida hace unos años, volvió a ponerse de moda. Personas de todo tipo se vieron a sí mismas convirtiéndose en beneficiarias de alguien que les regaló bondad, produciendo en ellas el deseo de pasar algún favor a alguien más.

De similar forma, pero en un sentido mayor, la vida bautizada es la vida de impulsar "cadenas de favores". Significa extender a otros el mismo tipo de bondad, generosidad y perdón que Dios, a través de Jesús, nos ha concedido a nosotros. Encuentro que muchos discípulos luchan extremadamente con la enseñanza del Reino de Jesús acerca de amar a nuestros enemigos. Pero ¿acaso lucharíamos tanto si guardáramos en nuestra mente las siguientes palabras de Pablo?:

> Porque si, cuando éramos enemigos de Dios, fuimos reconciliados con él mediante la muerte de su Hijo, ¡con cuánta más razón, habiendo sido reconciliados, seremos salvados por su vida! (Romanos 5:10).

Debemos estar muy agradecidos de que Dios esté absolutamente comprometido en la enseñanza de amar a nuestros enemigos. De no ser así, aún estaríamos viviendo en nuestros pecados. Porque cuando aún éramos sus enemigos, él nos amó y ofreció a todos nosotros un perdón que tuvo un costo muy alto.

Escribí partes de este capítulo una semana después de

un horroroso ataque terrorista en Boston, donde hice mi hogar por dieciocho años. Los hechos ocurrieron allí, en calles donde yo había transitado muchas veces.

Leí en el periódico *Boston Globe* que un domingo, un ministro se paró ante una congregación que era famosa en esa ciudad y predicó el mensaje del perdón, llamando a todos sus oyentes a tener el corazón de perdonar a los perpetradores del ataque terrorista, quienes ya habían sido identificados para ese tiempo, mientras al mismo tiempo consolaban a las víctimas. En las noticias se informó que la audiencia quedó en completo silencio. Esto quizás sucedió debido a que esa audiencia está siempre callada, pero tengo la impresión que estaba más callada que nunca. Alguien esperaría que en algunas de nuestras iglesias más efusivas, y en iglesias comprometidas al mensaje del Reino de Dios, palabras como ésas hubieran recibido como respuesta un coro de varios "Amén".

Dentro de los cuatro días que siguieron al ataque, los dos sospechosos del bombardeo fueron ubicados y uno murió en un tiroteo con la policía. Ahora, mientras escribo, ningún cementerio quería permitir que este hombre muerto fuera enterrado en su área. Los cementerios de una y otra localidad iban negándose a aceptar el cuerpo.

La gente no vive vidas rebosantes de perdón. A nivel emocional a veces es difícil llegar a ese punto, pero vivir la vida bautizada significa recordar cuánto hemos sido perdonados todos nosotros y por eso extender gracia a gente que no lo merece, como tampoco lo merecíamos nosotros; aun a nuestros enemigos y a aquellos que nos dañan. Sí, nos referimos a todos los que consideramos los "otros".

Muchos creyentes, después de su bautismo, describen tener el sentimiento de que se les ha sido quitado de encima un gran peso. El pecado y la culpa son cosas pesadas de cargar. Es increíble que Dios nos haya quitado todo eso, y ello debería llevarnos a tener algunas interacciones increíblemente llenas de gracia con otros cuando vivimos como hombres y mujeres que tienen pobreza de espíritu, pero que profundamente valoran y agradecen el perdón y salvación concedidos.

Por consiguiente, cada uno debe considerar el bautismo como su vestido cotidiano que deberá revestir sin cesar...

Preguntas para estudio individual o en grupos

1. ¿Por qué algunos podrían pensar que el bautismo es una obra necesaria para completar su salvación?

2. ¿Cuál es el significado de la voz pasiva en los pasajes bautismales a los que se hace referencia en este capítulo?

3. Evaluando a nivel general todo tu proceso como discípulo, ¿has estado más en el lado que sostiene que el bautismo es algo que hacemos o en el que sostiene que lo que ocurre en el bautismo es lo que Dios hace? ¿Si fuera necesaria hacer alguna corrección, cómo harías los ajustes?

4. ¿En qué sentido el bautismo es, bíblicamente, "la oración del pecador"?

5. ¿Por qué deberíamos estar muy preocupados acerca de reemplazar algo bíblico con otra idea concebida por nosotros mismos?

6. Una vez que has entendido la conexión existente entre el bautismo y la salvación, ¿qué es lo más desafiante para ti acerca de vivir la vida bautizada?

5

EL BAUTISMO Y LA MUERTE DE CRISTO

Uno de los hechos más notables en relación con la fe cristiana es que esta se extendió rápidamente en un mundo hostil e insensible, pese a que en la parte central del mensaje había un símbolo visto universalmente como repulsivo. Estamos hablando, por supuesto, de la cruz.

La crucifixión fue inventada por los persas y perfeccionada por los romanos como un medio para desalentar a los rebeldes y a los esclavos fugitivos. Produjo horribles efectos en sus víctimas, los mismos que rara vez han sido igualados. El sufrimiento de Jesús fue tan grande que tuvieron que pasar cuatro siglos antes que cualquier cristiano se atreviera a representarlo por medio del arte. Desde los primeros días del movimiento cristiano, los cristianos crearon formas artísticas para mostrar todo, desde el descenso del Espíritu Santo en el bautismo de Jesús hasta la Última Cena. Pero ninguna escena de crucifixión puede encontrarse hasta el siglo quinto, cien años después de que los romanos hubieron puesto fin a dicha práctica y en una época en que no había nadie alrededor que hubiera presenciado sus horrores[1].

Es difícil para nosotros que vivimos en el siglo veintiuno encontrar algo que pueda compararse con la crucifixión. La tortura, por supuesto, no es desconocida en nuestros días, pero, afortunadamente, a nuestros oídos llegan pocos relatos de cosas diseñadas para ocasionar una muerte tan pública, humillante, lenta y agonizante como la crucifixión. Pero lo que es raro en nuestro mundo era común en tiempos bíblicos. Deben haber existido pocos judíos viviendo en Palestina en tiempos de Jesús que nunca hubieran visto a alguien crucificado. Jesús no era ni el primero ni el último que había muerto mediante este horrible método. Los romanos utilizaron la crucifixión para controlar a la sociedad de modo poderoso.

Lleven sus cruces

Cuando Jesús enseñó: "Si alguien quiere ser mi discípulo, que se niegue a sí mismo, lleve su cruz cada día y me siga" (Lucas 9:23), sus oyentes no sabían todo lo que eso significaba, pero seguramente entendieron mucho

---

1. Thomas Cahill, *Desire of the Everlasting Hills: The World Before and After Jesus* [el deseable de las colinas eternas: el mundo antes y después de Jesús] (New York: Nan A. Talese, 1999), 285.

mejor ese llamado de lo que nosotros lo haríamos. Sus seguidores más cercanos habrían quedado estremecidos por sus palabras respecto a que él iba a sufrir y morir, pero no solo eso; además, les dejaba saber que el ser sus seguidores significaría también una cruz para ellos. ¿Fue todo esto una locura? "El que teme padecer, padece ya lo que teme" — escribió el filósofo Michel de Montaigne. Ciertamente deben haber temido lo que iban a sufrir; y deben haber sufrido lo que temían. No es de extrañar que después de estas palabras de Jesús, él llevó a los miembros de su círculo más íntimo a que fueran con él al monte de la Transfiguración para ver su gloria y escuchar a Dios decir: "Éste es mi Hijo, mi escogido; escúchenlo" (Lucas 9:35). Es que ellos necesitaban alguna confirmación y consuelo.

Mateo, igual como Marcos, describe la reacción de Pedro ante la declaración previa que hizo Jesús respecto a que su sufrimiento y muerte que estaban muy próximas a llegar (Mateo 16:22, Marcos 8:32). La reprensión que Pedro hizo a Jesús llevó a una conversación que terminó con estas famosas palabras de Jesús: "¡Aléjate de mí, Satanás! Quieres hacerme tropezar; no piensas en las cosas de Dios sino en las de los hombres" (Mateo 16:23, Marcos 8:33).

Aquí vemos claramente un tema encontrado en otros lugares de la Biblia: podemos aproximarnos a la vida con la sabiduría de Dios o con la sabiduría humana, pero ambas van en direcciones totalmente diferentes y tienen resultados muy diferentes. El llamado a tomar la cruz parece una locura y una necedad. La decisión de protegerse, cuidarse y defender la propia vida parece eminentemente más sensata. Pero Jesús continúa diciendo: "Porque el que quiera salvar su vida, la perderá, pero quien pierda su vida por mi causa la salvará" (Lucas 9:24). En la economía de Dios, la semilla que cae en la tierra y muere es la que produce mucho fruto (Juan 12:24-25).

Seríamos poco humanos si no lucháramos con esta enseñanza de Jesús, tal como Pedro y los otros apóstoles lo hicieron. Perder tu vida y morir a ti mismo, después de todo, es el concepto más contrario a la intuición que pueda existir. Tengo hermanos y hermanas cristianos que me dicen que "el instinto de conservación" y "defensa propia" son los más convenientes o apropiados, ya que Dios nos ha hecho de esta manera.

Debemos sentirnos animados de que quien protestó del modo más ruidoso, nuestro amigo Pedro, con el tiempo se convirtió en uno de los defensores más firmes de lo que puede llamarse "el camino de la cruz". Nuestra resistencia natural puede ser superada. Al escribir su primera carta, Pedro dice:

> Para esto fueron llamados, porque Cristo sufrió por ustedes, dándoles ejemplo para que sigan sus pasos.

«Él no cometió ningún pecado,
ni hubo engaño en su boca.»

Cuando proferían insultos contra él, no replicaba con insultos; cuando padecía, no amenazaba, sino que se entregaba a aquel que juzga con justicia. Él mismo, en su cuerpo, llevó al madero nuestros pecados, para que muramos al pecado y vivamos para la justicia. Por sus heridas ustedes han sido sanados (1 Pedro 2:21-24).

En este contexto, Pedro exhorta a los discípulos a amarse de todo corazón los unos a los otros y a abandonar toda maldad, engaño, hipocresía, envidia y toda calumnia, además de mostrar el debido respeto a todos, amar la hermandad de los creyentes, ser temerosos de Dios y honrar al rey. Los esclavos debían someterse a sus amos, y las esposas a sus esposos; y los esposos debían ser hombres de oración quienes fueran atentos a las necesidades de sus esposas. Vivir así es seguir los pasos de Jesús e ir por el camino de la cruz.

La cruz y el bautismo se juntan

Si bien todos los primeros líderes cristianos muestran unidad al llamar a todos a ser seguidores de Jesús que van a la cruz, es Pablo quien nos muestra más completamente cómo esta enseñanza coincide con el bautismo. Pablo es

comúnmente conocido como un "teólogo de las tareas".
Junto con el escritor de Hebreos, Pablo escribió algunas de
las secciones teológicas más profundas del Nuevo
Testamento, pero estas casi siempre nacieron de una
necesidad que debía ser tratada, así que fue una "tarea"
para él en función de líder.

En Romanos 5 nos encontramos a Pablo describiendo
la paz que tenemos con Dios debido a la gracia en la cual
nos mantenemos firmes. Pablo incluso desarrolla el punto
que señala que donde abundó el pecado, la gracia aumentó
aún más. Sin embargo, cada vez que se predica la gracia,
siempre existe el peligro de que pueda ser objeto de abuso;
aunque, en realidad, cualquier gran enseñanza puede ser
distorsionada.

Por tanto, como señalamos en el capítulo 1, es aquí
donde Pablo pregunta: "¿Qué concluiremos? ¿Vamos a
persistir en el pecado, para que la gracia abunde?"
(Romanos 6:1). Si no es posible sobrepasar la gracia, ¿por
qué no pecar todo lo que podamos, lo suficiente para que
la gloriosa gracia de Dios tenga oportunidad de inundarnos
y sobrepasar el pecado aún más?

Esta puede parecer una pregunta lógica, y tal vez
deberíamos decir que nos alegramos de que fuera hecha
por lo que aprendemos de ella. Sin embargo, en el corto
plazo, casi manda a Pablo fuera de órbita. Mira las
diferentes traducciones del versículo 2a:

- ¡De ninguna manera! NVI y RVR 1995
- ¡Claro que no! DHH
- ¡De ningún modo! LBLA
- ¡Por supuesto que no! NTV y TLA

De ninguna manera debemos seguir pecando, porque "hemos muerto al pecado, ¿cómo podemos seguir viviendo en él?" (v. 2b). Sí, la gracia aumentó lo suficiente para cubrir todos nuestros pecados, pero también nos llevó a un momento y lugar en que morimos al pecado, tomamos la decisión de rechazarlo, nos negamos a hacerlo y lo repudiamos porque es algo muy contrario a Dios. ¿Cuál fue ese momento y lugar? Él los lleva de regreso a una experiencia que tenían en común: el bautismo.

> ¿Acaso no saben ustedes que todos los que fuimos bautizados para unirnos con Cristo Jesús, en realidad fuimos bautizados para participar en su muerte? Por tanto, mediante el bautismo fuimos sepultados con él en su muerte, a fin de que, así como Cristo resucitó por el poder del Padre, también nosotros llevemos una vida nueva.
>
> En efecto, si hemos estado unidos con él en su muerte, sin duda también estaremos unidos con él en su resurrección. Sabemos que nuestra vieja naturaleza fue crucificada con él para que nuestro cuerpo pecaminoso perdiera su poder, de modo que

> ya no siguiéramos siendo esclavos del pecado
> (Romanos 6:3-6).

Es importante prestar mucha atención a varias frases que aquí aparecen, pues cada una tiene un gran significado. Revísalas cuidadosamente:

- "hemos muerto al pecado"
- "bautizados para unirnos con Cristo Jesús"
- "bautizados para participar en su muerte"
- "mediante el bautismo fuimos sepultados con él en su muerte"
- "también nosotros [como él], llevemos una vida nueva"
- "unidos con él en su muerte"
- "unidos con él en su resurrección"
- "nuestra vieja naturaleza fue crucificada con él"

¿Vamos a pecar más porque la gracia de Dios es tan abundante? ¡Por supuesto que no! ¡De ninguna manera! Porque nos ha sucedido algo que cambió nuestra vida. En el bautismo morimos al pecado, fuimos sumergidos en Cristo, espiritualmente participamos en su muerte, compartimos su entierro y dejamos nuestro antiguo ser en su tumba. Nos unimos con él en su muerte y después fuimos levantados para vivir una nueva vida, en la cual estamos unidos a su resurrección.

Con el tema aún presente de seguir pecando, Pablo se dirige al lugar donde todo cambió para ellos. En el bautismo todo se junta. Allí ellos admitieron su necesidad; allí hicieron la confesión de fe "Jesús es el Señor"; allí entraron en él, se unieron a él y quedaron unidos con su muerte, sepultura y resurrección. Si eso suena a que el bautismo era considerado como morir a una vieja vida y comenzar una nueva, creo que ya estamos captando la idea.

Realmente ocurre algo en el bautismo

Si tu formación o tu trasfondo te ha enseñado a decir que el bautismo es importante, pero que solo *simboliza* lo que ya te ha sucedido o que es algo que simplemente se hace como testimonio, te pediría por favor que leas de nuevo el texto para ver si existe algún indicio que sustente este punto de vista. Como Robert Webber dice: "El bautismo dice lo que hace y hace lo que dice"[2].

El bautismo es un signo externo de algo interno, pero no únicamente simboliza algo; en él realmente sucede algo. Esta es la verdad que Pablo está reforzando en estos cristianos. Por tanto, podemos mirar hacia atrás en el momento de nuestro bautismo y encontrar que allí pasó algo que debe afectar a quiénes somos y cómo somos hoy.

No necesitamos preocuparnos de que algo espiritual se encuentre ligado a algo físico. Esa es la naturaleza integral de la encarnación. Dios se hizo carne. Como Robert Kolb,

---

2. Webber, *The Divine Embrace*, 155.

uno de los colaboradores del libro *Understanding Four Views of Baptism* (entendiendo cuatro puntos de vista del bautismo), acertadamente declara: "Dios se siente como en casa con su creación, y escoge elementos del orden creado material, tales como el lenguaje humano así como la carne y la sangre humana, para llevar a cabo su voluntad salvadora"[3].

No es un punto de vista bíblico, sino un punto de vista griego, aquel que exige que las experiencias espirituales sean puramente interiores, involucrando solo el espíritu y no el cuerpo o solo lo espiritual y no lo físico. Esta fue la razón principal por la que los maestros gnósticos, según Tertuliano, querían "destruir el bautismo" y, aún más conformes a una herejía, querían destruir la encarnación y tener un Cristo que no había tomado forma humana[4]. Sin darse cuenta, aquellos que quieren separar el bautismo del nuevo nacimiento pueden cometer el mismo grave error.

Participar en la muerte de Jesús

Pero nuestro punto principal aquí es que Pablo dice que en el bautismo participamos en la muerte de Jesús. A partir de ahí continuaremos compartiendo con él en la resurrección (lo que se discutirá en el siguiente capítulo).

---

3. Robert Kolb, colaborador, *Understanding Four Views of Baptism*, (cómo entender cuatro puntos de vista sobre el bautismo) editor de la serie, Paul Ingle (Grand Rapids: Zondervan, 2007), 48.

4. "On Baptism," *Ante-Nicene Fathers, vol. 3* (la sección sobre el bautismo, padres antenicenos), 669.

Aunque el tomar la cruz es mucho más que ser bautizados, en el bautismo estamos expresando un acuerdo con el veredicto de Dios respecto a que nuestro antiguo ser debe morir y que el resto de nuestra vida tendrá que ser una reafirmación de dicha muerte. Lee de nuevo las palabras de Pablo:

- "hemos muerto al pecado"
- "bautizados para participar en su muerte"
- "mediante el bautismo fuimos sepultados con él en su muerte"
- "también nosotros [como él], llevemos una vida nueva"
- "nuestra vieja naturaleza fue crucificada con él"

Todas estas frases coinciden perfectamente al llamado que nos hace Jesús de negarnos a nosotros mismos, tomar la cruz y seguirle. Sospecho que algunos se preguntarán por qué no he incluido en este libro un capítulo sobre el bautismo y el arrepentimiento ya que los dos están tan estrechamente vinculados en Hechos 2. Esa es probablemente una idea con valor, pero sentí que este capítulo abordaba el tema del arrepentimiento. Antes de conocer a Jesús, todos nosotros estábamos viviendo una vida moldeada por la sabiduría del mundo, la que esencialmente dice: "Te conviene más ser tú mismo el centro de tu vida".

Hace poco leí estas palabras de un *blogger* popular, las cuales resumen bastante bien la sabiduría del mundo: "Tu eres la luz. Tu propósito interno es conectar con esa luz". El arrepentimiento implica abandonar esta forma de pensar. Dice: "Yo no soy la luz, yo no soy la respuesta, no tengo las respuestas, y vivir la vida por mí mismo y para mí mismo no es el plan de Dios". El arrepentimiento significa decir: "Estoy dispuesto a morir a la confianza que he puesto en mí mismo y a seguir a Jesús, poniendo mi confianza en él".

El bautismo es una imagen muy nítida de esa decisión. Años atrás, mi esposa, Sheila, fue invitada a una reunión de mujeres en otra iglesia. El orador instó a las mujeres a tomar la decisión de seguir a Jesús y orar para "recibirlo" allí mismo. Luego, animó a quienes tomaron esa decisión a ir a casa y hacer algo para demostrar que este había sido un momento decisivo, algo que les ayudaría a recordarlo. Ella sugirió algo así como ir al patio trasero e incrustar un clavo en un árbol.

Eso me recuerda el desafío de Roberto Webber a sus amigos evangélicos a no crear sustitutos para el bautismo, como ir al frente durante una campaña o el levantar la mano[5]. ¿Cuál queremos: una señal o marca de identificación hecha por los hombres o una que viene del cielo? ¿Por qué incrustar un clavo en un árbol cuando Dios nos ha dado el bautismo?

Nuestra sepultura en agua muestra muy claramente lo que estamos haciendo en ese momento: muriendo y abandonando una antigua forma de vivir. Y eso ocurre porque estamos disponiéndonos a ser bautizados *en Cristo*. Si Cristo no estuviera allí para reunirse con nosotros, no pasaría nada. Si no estuviéramos siendo unidos en su muerte, nuestra antigua forma de vivir no sería confrontada. No podemos dar fin a nuestra antigua vida simplemente usando nuestra propia determinación. Cualquier cosa que hagamos con nuestra tenaz determinación, solo es más de nuestro antiguo ser. Únicamente podemos poner fin a una antigua vida sometiéndonos a Cristo y encontrando unión con él. La imagen que tengo del bautismo es verme a mí ante el juez que dice: "¿Tiene algo que decir en su defensa?" Yo respondo: "No, juez, no hay nada bueno en mí, es decir, en mi naturaleza pecaminosa. Yo repudio (niego) mi 'yo'. Simplemente debo ser condenado a muerte". Como me someto a Jesús, él hace lo que yo no puedo hacer. Lleva mi antigua vida a la muerte y me levanta a una nueva vida. Todo el reconocimiento va para él porque todo ha sido obra suya.

En un pasaje similar en Colosenses, Pablo ahonda en detalles sobre lo que ocurre en el bautismo.

---

5. Webber, *The Divine Embrace*, 153.

> Además, en él fueron circuncidados, no por mano humana sino con la circuncisión que consiste en despojarse del cuerpo pecaminoso. Esta circuncisión la efectuó Cristo. Ustedes la recibieron al ser sepultados con él en el bautismo. En él también fueron resucitados mediante la fe en el poder de Dios, quien lo resucitó de entre los muertos.
>
> Antes de recibir esa circuncisión, ustedes estaban muertos en sus pecados. Sin embargo, Dios nos dio vida en unión con Cristo, al perdonarnos todos los pecados (Colosenses 2:11-13).

Vemos a Pablo describiendo una circuncisión que, a diferencia de cómo era conocida en el judaísmo, es una extirpación espiritual de la naturaleza pecaminosa, *y esta es hecha por Cristo*. Pero es evidente que la circuncisión espiritual se halla unida al bautismo por la oración: "Ustedes la recibieron al ser sepultados con él en el bautismo", que se refiere a la frase anterior con respecto a "despojarse del cuerpo pecaminoso". Somos espiritualmente circuncidados mientras somos sepultados con Cristo en el bautismo.

Esto es reforzado en la declaración que aparece en el versículo 13, aquí de la versión DHH: "Ustedes, en otro tiempo, estaban muertos espiritualmente a causa de sus pecados y por no haberse despojado de su naturaleza pecadora; pero ahora Dios les ha dado vida juntamente con

Cristo, en quien nos ha perdonado todos los pecados".

Más adelante, en el versículo 20, Pablo amplía esta idea: "Si con Cristo ustedes ya han muerto a los principios de este mundo, ¿por qué, como si todavía pertenecieran al mundo, se someten a preceptos tales como: "No tomes en tus manos, no pruebes, no toques?".

Él está diciendo en esencia: ya que tu antigua vida fue extirpada cuando fuiste sepultado con Cristo en el bautismo, y dado que allí dejaste tu antigua vida junto a tu adhesión a los principios de este mundo, ¿por qué continúas siguiendo tales principios (en este caso las prácticas ascéticas de la espiritualidad o solo más reglas hechas por los hombres)? La idea de que "han muerto" sobresale aquí, pero aún más en la siguiente sección, en el capítulo 3:

> Ya que han resucitado con Cristo, busquen las cosas de arriba, donde está Cristo sentado a la derecha de Dios. Concentren su atención en las cosas de arriba, no en las de la tierra, pues ustedes han muerto y su vida está escondida con Cristo en Dios. Cuando Cristo, que es la vida de ustedes, se manifieste, entonces también ustedes serán manifestados con él en gloria (Colosenses 3:1-4).

Con estos eventos en mente desde el capítulo anterior: (1) la circuncisión de la naturaleza pecaminosa, (2) la sepultura con Cristo en el bautismo y (3) la resurrección mediante la fe, Pablo los exhorta a vivir una vida que siga la instrucción que viene del cielo y no de la tierra. Llámala con nombres diferentes, pero esta es la vida circuncidada, la vida bautizada y la vida resucitada.

Este texto de Colosenses es una gran declaración que se puede hacer ante alguien mientras emerge de las aguas del bautismo. ¿Quién sabe si así fue utilizada en la iglesia primitiva? Para efectos de este capítulo queremos destacar el versículo 3: "pues ustedes han muerto y su vida está escondida con Cristo en Dios". Por un breve momento, mientras quedamos inmersos en el agua, nuestros cuerpos están ocultos a la vista. Salimos habiendo adquirido una nueva identidad. Nuestras viejas vidas están enterradas con Cristo, escondidas; y nuestras nuevas vidas ya no se tratan de nosotros mismos, sino de Cristo. Como dijo Pablo en Gálatas: "He sido crucificado con Cristo, y ya no vivo yo sino que Cristo vive en mí. Lo que ahora vivo en el cuerpo, lo vivo por la fe en el Hijo de Dios, quien me amó y dio su vida por mí" (2:20).

En Colosenses 3 Pablo continúa indicando claramente y en términos muy específicos cómo toda una serie de actitudes y cualidades han de morir porque hemos muerto. La lista incluye:

inmoralidad sexual	avaricia	calumnia
impureza	enojo	lenguaje obsceno
bajas pasiones	ira	racismo
malos deseos	malicia	

En el Nuevo Testamento, ninguna lista de este tipo es completa, pero nos permite captar la idea. Ocupando el lugar central en toda esta lista, existen dos cualidades fatales a las que debemos dar muerte: (1) el orgullo y (2) el egoísmo.

Uno de los rasgos más llamativos del bautismo ciertamente nos ayuda a lidiar con el orgullo. Al ser bautizado te colocas (¡por lo general sin llevar puesta ningún tipo de ropa de moda!) en las manos de otra persona o personas. Permites que ellos te sumerjan para que puedas subir de las aguas tan mojado como un bebé recién nacido. Es bastante difícil en un momento así parecer o aun ser orgulloso.

A veces he pensado que tal vez sería bueno si tuviéramos un collage de fotos mostrándonos a todos nosotros saliendo de las aguas de nuestros bautismos, ya que compartimos vidas juntas en el cuerpo. ¿O qué tal si los directorios de miembros en nuestras iglesias incluyeran tales imágenes? En ellas nos veríamos humildes, alegres y comunes, además de infantiles. Una foto mental de ello me causa risa. Incluso imaginar una cosa así es un gran recordatorio de que la vida bautizada debe ser una vida en la cual ha muerto el orgullo y reina la humildad.

Y, por supuesto, la máxima expresión de la vida del Reino de Dios es que el viejo ser orientado hacia sí mismo ha muerto, para que el amor ahora pueda fluir libremente. Pablo continúa en Colosenses 3 diciendo que luego de ser sepultados en el bautismo debemos salir colocándonos nuevas prendas de vestir tales como la bondad, humildad, amabilidad, paciencia y sobre todas las cosas, el amor, el cual es el vínculo perfecto (vv. 12-14). El bautismo nos recuerda no solo a lo que hemos muerto, sino aquello a lo que debemos abrazar luego de ser levantados.

En su libro, *Reborn on the Fourth of July—The Challenge of Faith, Patriotism and Conscience* (renacido en el cuatro de julio: el reto de la fe, el patriotismo y la conciencia), el veterano de la guerra de Irak Logan Mehl-Laituri describe su bautismo, el cual tuvo lugar el cuatro de julio de 2006. Logan, quien fue en ese momento un sargento del ejército, expresa con claridad lo que él entendía que significaba ese evento para él:

> Mi bautismo sería el primer día del resto de esa vida, una nueva vida vivida con sacrificio, pero un sacrificio más profundo que cuando me puse el uniforme de un soldado. Si iba a llevar mi cruz, ello

significaba que tendría que dejar mi espada. Como Caín, tuve la oportunidad de dominar el pecado que me asechaba constantemente; yo podría rechazar el camino de la venganza y adoptar el camino difícil y redentor de Jesús. Pero al ser bautizado estaba dando a conocer esa intención públicamente para que yo pudiera ser ayudado en mi esfuerzo y para que los otros cristianos pudieran acercarse a mí y cuando falle me lo hicieran saber.

Nunca pensé de modo categórico acerca de tomar mi propia vida [como tantos soldados], pero está claro para mí que yo no tenía un interés sincero por vivir. En medio del terrorismo con sus terroristas suicidas, mientras yo estaba pensando acerca de lo que significaba ser un cristiano, con su larga historia del martirio, me costó entender la diferencia entre un terrorista suicida y un mártir cristiano. El lenguaje del bautismo, después de todo, está empapado de palabras acerca de la muerte. Ser "renacido" asume que uno se está levantando de la muerte. La muerte, al parecer, es un requisito necesario para una nueva vida. Pero al adoptar este manto de una nueva vida, los cristianos reconocen que sus vidas ya no son de ellos, sino que pertenecen a Dios. Nuestras vidas son sacrificios vivos; no se trata de hacer nuestra propia voluntad, sino que se haga la de Dios (Lucas 22:42). Dejamos que Dios haga con nosotros de acuerdo a

su voluntad (Lucas 1:38). Mi movimiento hacia el
bautismo no era muy diferente a mi preparación para
el despliegue militar; yo abrazaba la muerte en cada
situación, pero en muy diferentes formas[6].

Logan entendió que al morir con Cristo, reconocemos
que nuestra vida ya no nos pertenece, sino que pertenece
a Dios, y que en el bautismo estamos abrazando una
muerte a fin de que podamos encontrar una vida real.
Dejaremos a Logan compartir sus pensamientos acerca de
su nueva vida resucitada en el siguiente capítulo.

Mientras escribía este libro, llegó la noticia de la muerte
del estudioso y filósofo cristiano Dallas Willard. Alguien
que lo conocía de cerca dijo que sus libros básicamente nos
dicen: "Vamos, adelante. Todo va a estar bien si morimos
primero. Tienes que hacerlo y puedes hacerlo. Ni siquiera
Jesús tuvo una resurrección sin una muerte, y él va a estar
a tu lado cuando rindas tu antigua vida. Confía en mí en
esto. Si mueres con Jesucristo, Dios te hará salir caminando
de la tumba hacia una vida de incomparable alegría y
propósito en medio de su amor ilimitado y suficiente".

En *The Cost of Discipleship* (el costo del discipulado),
Dietrich Bonhoeffer escribió esta conocida frase: "Cuando
Cristo llama a un hombre, le llama a venir y morir"[7]. Él

---

6. Logan Mehl-Laituri, *Reborn on the Fourth of July—The Challenge of Faith,
Patriotism and Conscience* (renacido el cuatro de julio: el desafío de la fe,
patriotismo y conciencia) (Downers Grove, IL: IVP Books, 2012), Kindle
location 1255.

7. Dietrich Bonhoeffer, *The Cost of Discipleship* (el costo del discipulado)
(New York City: MacMillan, 1961), 89.

completó ese pensamiento más adelante en el mismo libro cuando escribió: "La cruz de Cristo es la muerte que sufrimos de una vez y para siempre en nuestro bautismo y es una muerte llena de gracia"[8]. En el bautismo morimos con Cristo a nuestra antigua vida.

Vivir una vida bautizada, entonces, es llevar tu cruz cada día (Lucas 9:23), al considerarte a ti mismo muerto al pecado (Romanos 6:11), quitarte "el ropaje de la vieja naturaleza" (Efesios 4:22) y hacer morir "todo lo que es propio de la naturaleza terrenal" (Colosenses 3:5). Es morir a ti mismo en tu familia, en el trabajo, en la escuela y en tus relaciones. Es dar tu vida por la iglesia del mismo modo como Jesús lo hizo (Efesios 5:25). Es seguir afirmando que la manera de encontrar tu vida es perderla (Lucas 9:24) y luego ofrecerte como un sacrificio vivo (Romanos 12:1) y hacer esto cada nuevo día.

Nosotros hemos muerto al pecado, entonces, ¿cómo es posible que sigamos viviendo en pecado? ¿O acaso olvidaron que, cuando fuimos unidos a Cristo Jesús en el bautismo, nos unimos a él en su muerte? (Romanos 6:2-3 NTV).

---

8. Ibid., 232.

Preguntas para
estudio individual o en grupos

1. ¿Cómo puede la imagen de ser bautizado en la muerte de Cristo ayudarnos a ver que la vida del discípulo implica mucho más que únicamente sentirse perdonado?

2. ¿Cómo pueden relacionarse estos pensamientos acerca de ser bautizados en la muerte de Cristo con el arrepentimiento y el bautismo?

3. ¿Cuáles son algunas de las cosas de las que debemos recordarnos que fueron dejadas en las aguas cuando fuimos sepultados con Cristo? ¿Cuál de estas son más desafiantes para ti?

4. ¿Con cuáles elementos de la descripción que Logan hace de su bautismo te sientes identificado?

5. ¿Tienes una foto tuya tomada en o inmediatamente después de tu bautismo? ¿Por qué es probable que no vayas a poner esa fotografía en tu currículo vitae, incluso si estuvieras aplicando a un puesto de trabajo en la iglesia? Pero ¿qué es lo bueno que esa foto representa?

6. ¿Cuál es la conexión entre morir con Cristo y vivir una vida de amor? ¿Por qué es esa, una vida de amor, la marca definitiva de una vida bautizada?

6

EL BAUTISMO
Y
LA RESURRECCIÓN

Al predicar el evangelio del Reino de Dios, Jesús estaba diciendo que el fin de la historia se estaba abriendo camino en nuestra era presente. El tiempo venidero estaba amaneciendo. Sin siquiera profundizar en esto, parece que algo poderoso estaba pasando y, en concordancia con ello, Jesús dijo a sus discípulos:

—Les aseguro que algunos de los aquí presentes no sufrirán la muerte sin antes haber visto el reino de Dios llegar con poder (Marcos 9:1).

El escritor de Hebreos estaba seguro de que quienes se habían convertido en cristianos habían "experimentado... los poderes del mundo venidero" (Hebreos 6:5). El mensaje del Reino se trata de algo poderoso que ha ocurrido y continúa ocurriendo.

El Reino de Dios produce un efecto impactante

De vez en cuando leemos un titular sobre cuán cerca de nuestro planeta pasará un asteroide. Mientras escribía este capítulo, un meteorito cayó sobre una ciudad en Siberia hiriendo a más de 1.000 personas con su estampido sónico.

Casualmente, ese mismo día un asteroide pasó muy cerca de la Tierra de un modo como no ocurría en muchos años. Los científicos nos dicen que en la historia de nuestro planeta, los asteroides en realidad han irrumpido a través de la atmósfera de la tierra y han chocado con nuestro planeta de manera perjudicial.

Si un gran asteroide golpeara la Tierra hoy día, podría desencadenar una tormenta de polvo que nos sumergiría en un invierno nuclear. Si fuera a aterrizar en el océano, podría hacer estallar un tsunami con carácter de cataclismo que podría tener un impacto a nivel mundial. Tales ideas ofrecen suficiente material para las producciones de Hollywood.

Sin embargo, antes de que coloques esta posibilidad en tu lista de cosas por las qué preocuparte, considera que los científicos estiman que eventos catastróficos como estos ocurren solamente una vez cada 1.000 siglos.

Pero aquí está el punto: si algo de nuestro universo, desde afuera, llegara estrellándose con nuestro agradable sistema operativo de la Tierra, se sentiría su poder. Trastocaría las cosas.

De la misma manera, si el Reino de Dios llegó precipitándose en la Palestina del primer siglo, en la vida y en la persona de Jesús, es de esperar que dicho poder fuera percibido. Tal vez no en la misma forma física como el impacto de un asteroide, pero se sentiría como un poder que produce algún impacto espiritual extraordinario.

Y esta es exactamente la historia que el Nuevo Testamento nos cuenta. Los cuatro Evangelios afirman que la resurrección de Jesús de entre los muertos ocurrió y que este evento se convirtió en la fuerza motora para un movimiento que se propagó por un vasto, poderoso y *hostil* imperio (y más allá) en menos de un siglo.

Sin sentido según criterios humanos

Debemos tener en cuenta las razones por las que un movimiento mesiánico como este no tenía sentido según criterios humanos y nunca debió haber ocurrido.

1. La expectativa judía era un Mesías victorioso que conduciría las fuerzas militares de Dios y expulsaría a los invasores extranjeros de la tierra prometida. Jesús falló la prueba completamente.

2. Uno de los principales símbolos de la dominación romana fue la cruz. Mediante el uso de esta torturante forma de muerte, Roma fue capaz de infundir miedo en

los corazones de aquellos que estaban considerando rebelarse.

3. La crucifixión romana de Jesús habría significado que las esperanzas de sus discípulos habrían quedado destrozadas. Un peor resultado no se podría haber imaginado. No hubo nada respecto a este evento que podría haberles causado ánimo.

4. A los judíos curiosos que estaban observando la crucifixión, esta los habría convencido de que Jesús era en verdad otro impostor o un falso mesías. Los discípulos, y los que no lo eran, habrían recordado Deuteronomio 21:23: "Cualquiera que es colgado de un árbol está bajo la maldición de Dios". Los discípulos habrían dicho, bueno... lo que en realidad dijeron fue: "Nosotros abrigábamos la esperanza de que era él quien redimiría a Israel" (Lucas 24:21).

5. Mientras que la crucifixión era una abominación para los judíos, para los romanos y griegos era la imagen de la absoluta ridiculez y fracaso. Y es que se trataba de la muerte de esclavos y de aquellos que habían sido conquistados y humillados. ¿Te imaginas lo que programas cómicos nocturnos (para quienes nada es sagrado y se burlan de todo) habrían hecho con la historia de un señor y salvador crucificado?

Y sin embargo, sorprendentemente, a los pocos años y en todo el Imperio Romano, este hombre judío crucificado era adorado como un dios por judíos y gentiles. ¡De hecho fue adorado como *el* Señor y *el* Dios! ¿Podrías detenerte un momento para asimilar esto? ¿Qué pudo provocar un cambio tan radical? ¿Qué era lo que posiblemente habría transformado una cruz romana en algo que los discípulos dirían que demostraba el poder de Dios?

Me gustan las palabras de Mike Erre: este fue un movimiento que "no triunfaría al infligir violencia, sino al soportarla; no al coaccionar ni humillar a otros, sino al soportar la humillación con una apacible dignidad"[1]. Pero ¿qué provocó tal movimiento?

El poder de la resurrección

La explicación bíblica es que el Reino de Dios vino con poder. Al igual que un asteroide, el Reino vino abriendo camino en el mundo, pero sin destrozar a los creyentes, sino dándoles poder. Aquellos hombres y mujeres quienes seguramente habían caído en la desesperación, la depresión o el desaliento quedaron animados, motivados y llenos de valentía. "Los apóstoles, a su vez, con gran poder seguían dando testimonio de la resurrección del Señor Jesús. La gracia de Dios se derramaba abundantemente sobre todos ellos" (Hechos 4:33).

La resurrección sobre la que muchos judíos estaban seguros que vendría a la nación *al final de la historia* se produjo en un hombre *justo en el centro de la historia*. Los

---

1. Mike Erre, *Death by Church* (muerte por la iglesia) (Eugene, OR: Harvest House, 209), 150.

que, bajo casi todos los criterios de este mundo, eran vistos sin poder alguno experimentaron un poder que iba mucho más allá de ellos mismos. Por esta razón, salía de Jerusalén este mensaje trastornador, para luego recorrer todo el camino a Roma y más allá.

En repetidas ocasiones los escritores del Nuevo Testamento hablan del poder de la resurrección, el cual es la victoria sobre la muerte y la llegada de un nuevo orden de vida, dado a quienes reciben el Reino de Dios.

- Jesús es quien "según el Espíritu de santidad fue designado con poder Hijo de Dios por la resurrección. Él es Jesucristo nuestro Señor" (Romanos 1:4).

- Pablo anhela "conocer a Cristo, experimentar el poder que se manifestó en su resurrección, participar en sus sufrimientos y llegar a ser semejante a él en su muerte" (Filipenses 3:10).

- Pedro alaba a Dios porque "nos ha hecho nacer de nuevo mediante la resurrección de Jesucristo de entre los muertos para que tengamos una esperanza viva" y luego agrega que esto significa que nosotros somos "a quienes el poder de Dios protege mediante la fe hasta que llegue la salvación que se ha de revelar en los últimos tiempos" (1 Pedro 1:3, 5).

- Pablo muestra la repercusión de esto en los creyentes al escribir: "Con su poder Dios resucitó al Señor, y nos resucitará también a nosotros" (1 Corintios 6:14).

- El mismo escritor saca de su bolsa de adjetivos, al redactar Efesios, algunas palabras para hablar de la "incomparable… grandeza de su poder a favor de los que creemos". Luego agrega: "Ese poder es la fuerza grandiosa y eficaz que Dios ejerció en Cristo cuando lo resucitó de entre los muertos y lo sentó a su derecha en las regiones celestiales" (Efesios 1:19-20).

Más que una doctrina para ser creída

A veces se dice que la resurrección es una de las doctrinas esenciales de la iglesia. Pablo está diciendo esto, sin duda, en su extenso pasaje que trata de la resurrección en 1 Corintios 15. Pero lo que tiene que verse aquí es que la resurrección es mucho más que solamente una doctrina para ser creída.

A menudo preguntamos a una persona que está a punto de ser bautizada si cree que Jesús murió y resucitó. Hacer eso está bien, pero hay más. La persona también necesita tener la confianza de que a través de Jesús y por medio de su poder, ella igualmente puede morir y ser resucitada en medio de los tiempos actuales.

La resurrección se habla de dos maneras en la Biblia. Por un lado, se trata de un evento muy real en la historia, tal como el éxodo judío, algo que debe ser creído y valorado. Pero, por otro lado, también es una realidad con la que el creyente puede y debe cruzarse así como conectarse. La relación del discípulo con la resurrección no está bien representada en la figura A.

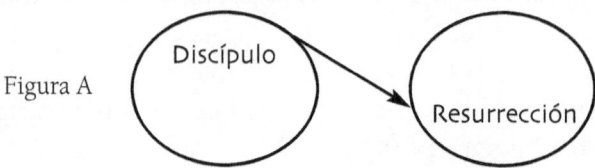

Figura A

No es solo un acontecimiento en la historia para observarlo, estudiarlo y escribir acerca de él. No es algo solo para creer que efectivamente ocurrió. Esto es útil, pero no es vivir en el Reino de Dios. Lo que el Nuevo Testamento describe es algo mucho mejor, mostrado por la figura B (aunque no existe la ilustración perfecta).

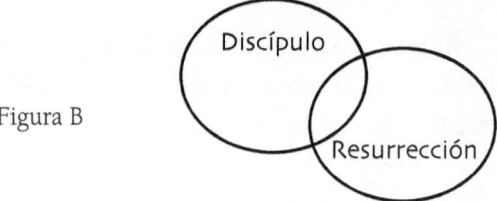

Figura B

Aquí vemos que hay una intersección entre la resurrección y el discípulo. La persona no solo cree que ella es cierta, como un observador que creyó que Jesús alimentó a la multitud. El discípulo *participa* en la resurrección y, en algún sentido muy real, queda unido con la resurrección para que la nueva vida que caracteriza la vida resucitada forme parte de su experiencia.

La intersección ocurre en el bautismo

Tenemos que ir de nuevo, esta vez con un enfoque diferente, al lenguaje de Romanos 6, el cual enfatiza nuestra participación en la resurrección, así como algo más que es significativo:

> ¿Qué concluiremos? ¿Vamos a persistir en el pecado, para que la gracia abunde? ¡De ninguna manera! Nosotros, que hemos muerto al pecado, ¿cómo podemos seguir viviendo en él? ¿Acaso no saben ustedes que todos los que fuimos bautizados para unirnos con Cristo Jesús, en realidad fuimos bautizados para participar en su muerte? Por tanto, mediante el bautismo fuimos sepultados con él en su muerte, a fin de que, así como Cristo resucitó por el poder del Padre, también nosotros llevemos una vida nueva.
>
> En efecto, si hemos estado unidos con él en su muerte, sin duda también estaremos unidos con él en su resurrección. Sabemos que nuestra vieja naturaleza fue crucificada con él para que nuestro cuerpo pecaminoso perdiera su poder, de modo que ya no siguiéramos siendo esclavos del pecado; porque el que muere queda liberado del pecado.
>
> Ahora bien, si hemos muerto con Cristo, confiamos que también viviremos con él (Romanos 6:1-8, énfasis agregado).

El pasaje no solo nos muestra que el discípulo queda unido a la resurrección de Cristo, sino que describe claramente dónde se lleva a cabo esta intersección, y ello ocurre en el bautismo. Tal como vimos en el último capítulo, el bautismo trata sobre ser "bautizados para participar en su muerte". Es tener "nuestra vieja naturaleza… crucificada con él". Es ser "sepultados con él". Pero del mismo modo que quedamos "unidos con él en su muerte", también compartimos su resurrección. "Así como Cristo resucitó", también nosotros somos resucitados para llevar "una nueva vida" aquí y ahora. Estamos "unidos con él en su resurrección".

El punto de Pablo es que sales de tu bautismo siendo una persona resucitada, una nueva creación. Una antigua vida ha muerto junto a Jesús y una nueva persona ha sido resucitada por el Espíritu Santo (como Romanos 8 dejará en claro). Y entonces la respuesta a la pregunta que Pablo plantea ("¿Vamos a persistir en el pecado, para que la gracia abunde?") es otra pregunta: "¿Qué razón, si es que existe alguna, habría para que una persona nueva, resucitada, que disfruta de los poderes del tiempo venidero, quisiera regresar y jugar con el mismo pecado que se opone a esta nueva vida?".

Este pasaje es el que nos da todas las razones para hablar de la "vida bautizada". En este, Pablo efectivamente dice a sus lectores: "Simplemente vive tomando en cuenta tu bautismo. Recuerda lo que Dios hizo y en lo que te convertiste". Casi puedes oír a Pablo diciendo: "Solo siéntate y medita sobre lo que sucedió en tu bautismo y luego vive en concordancia con ello".

¿El bautismo es algo simbólico?

¿Fue el bautismo de alguna manera simbólico para Pablo? Yo diría que si así fuese, era también algo mucho más que eso. Pablo tenía dominio de varios idiomas, incluyendo el griego. Si él hubiera querido decir que el bautismo simplemente simboliza la resurrección de una persona con Cristo, fácilmente habría podido decirlo de esta manera, pero él hace una declaración mucho más fuerte.

Sea lo que sea que enseñemos y practiquemos en relación con el bautismo, debemos hacerlo de una manera que haga posible para que aquellos que enseñamos y guiamos puedan identificarse completamente con todo lo que Pablo dice aquí. Si nuestro mensaje hace que las personas lleguen a la conclusión de que su bautismo fue un asunto bueno pero no central (solo algo de qué ocuparse en otro momento), ellos perderán de vista el mensaje de Pablo. Y, recordando el contexto de su comentario, puede que estas personas continúen pecando constantemente, pensando de forma errónea sobre la gracia, el perdón y la nueva vida en Cristo.

Cada discípulo tiene que ser capaz de leer Romanos 6 y decir: "Ese soy yo" y "Eso describe lo que pasó conmigo". Necesita ver su bautismo justo como Pablo lo describe, el lugar y el momento en que estamos unidos a Cristo en su muerte, su sepultura y, alabado sea Dios, su resurrección y nueva vida. *Pero aún más que eso, necesitamos ver el bautismo como un llamado a una vida para vivirla ahora.* Esto es el verdadero punto de Pablo.

Él no está alentando a que seamos nostálgicos ni que nos pongamos a cantar algunos versos de canciones como "Precious Memories", lo que se traduce como "preciosos recuerdos" (aunque me gusta esa canción, en particular las interpretaciones en estilo *bluegrass*). Él no solo les está recordando un dulce momento de su pasado. No. Pablo los está llamando a vivir como las personas que Dios hizo que fueran en su bautismo en Cristo. El bautismo, precisamente porque es bautismo *en* Cristo, tiene que ver con una nueva vida... una vida para ser vivida.

El punto principal de Romanos 6

En el capítulo anterior, vimos el paralelo entre Romanos 6 y una sección en Colosenses. Reunamos entonces las ideas de Colosenses:

> [...] sepultados con él en el bautismo. En él también fueron resucitados mediante la fe en el poder de

Dios, quien lo resucitó de entre los muertos (2:12).

Ya que han resucitado con Cristo, busquen las cosas de arriba, donde está Cristo sentado a la derecha de Dios. Concentren su atención en las cosas de arriba, no en las de la tierra (3:1-2).

El resultado del bautismo es la resurrección a una nueva vida. Ahora, dado que ello ya ha ocurrido, la mente de uno debe estar fijada *en las cosas de arriba*, no en las cosas de la tierra. Esto nos trae a la mente la forma en que Jesús nos enseñó a orar: "Venga tu reino, hágase tu voluntad en la tierra *como en el cielo*" (Mateo 6:10, énfasis agregado).

El tiempo venidero ha abierto camino en nuestras vidas a través de Jesús y el Espíritu Santo, transformándonos en personas resucitadas. Ahora queremos que el Reino siga abriendo camino de tal manera que hagamos la voluntad de Dios tanto en la tierra como en el cielo, viviendo el futuro aquí y ahora. Nuestra dirección ahora viene del cielo, tal como así será después de la resurrección final y la consumación del Reino de Dios.

Una vez más las palabras del sargento Logan Mehl-Laituri, en su libro, *Reborn on the Fourth of July* (renacido el cuatro de julio), son una poderosa ilustración de esta idea del Nuevo Testamento respecto a ser resucitado para vivir una nueva vida:

Harlan oró por mí, mientras él y Natán, uno a cada
lado, tenía una mano en mi espalda y con la otra me
sostenían de un brazo: "Dios, por favor, acepta a
Logan como un seguidor de tu Hijo, Jesucristo". Miré
a Natán mientras pronunciaba aquellas palabras
inolvidables: "Yo te bautizo en el nombre del Padre,
del Hijo y del Espíritu Santo".

Con ello, fui suavemente echado hacia atrás y bajado
al agua... Me sentí como si estuviera debajo del agua
para siempre, pero seguramente estuve solo una
fracción de segundo: a ojos cerrados. Yo estaba
bañado en el afecto de la compañía de los hermanos
en Cristo. El resplandor de la lámpara de la piscina
pasando a través de mis párpados me recordó la luz
de Jesús, iluminando nuestro camino de fe.

Sentí a Natán y Harlan animándome a salir de nuevo
a la superficie, la misma que se precipitó a darme el
encuentro, demasiado rápido. Deseé poder
permanecer en la piscina por siempre. Mientras yo
emergía en el balsámico aire de Honolulu, el agua
caía de mi cara en cascada y se derramaba por mis
oídos. Podía oír los aplausos de la multitud. En tanto
las últimas gotitas de agua caían de mis ojos, los
aplausos se mezclaban con el sonido de algunos
fuegos artificiales que explotaron mucho después del
final de la exhibición oficial realizada por las
celebraciones [del cuatro de julio]. Fue algo bello y

desconcertante en su tiempo; los cielos parecían regocijarse. Mis oídos sonaban y mi corazón cantaba con cada explosión pirotécnica[2].

. . .

Con fuego y agua, mi bautismo fue sacramentalmente paralelo al fallido intento de rescate en el norte de Irak. Allí había combatido contra la hostil autoridad de la muerte, en medio del desierto, con mis compañeros de batallas. Aquí encontré vida nueva y eterna, bañada en la cálida luz del agua viva con una nueva confraternidad de hermanos. Antes, fui sacado de las aguas oscuras, insensible, frío y rodeado por la muerte. Ahora estaba siendo levantado por una nueva comunidad, cálida, viva y cubierta de luz. Las cosas viejas habían sido hechas nuevas; la vida estaba surgiendo a través de y a pesar de la muerte[3].

En la "entrevista de salida" que Logan tuvo con su capitán y oficial de mando, diez días después de su bautismo, él oyó estas palabras: "Yo no creo que usted sea un objetor de conciencia. Yo no creo en nada de esta religión... no creo en absoluto en esta tontería de conversión. Yo creo que usted piensa que ha ideado el plan perfecto para librarse de las operaciones militares, porque nadie puede probar que usted no sea un objetor de conciencia... Su conducta no es acorde a la de un oficial...

---

2. Mehl-Laituri, *Reborn*, ubicación en Kindle 1287.

3. Ibid., ubicación en Kindle 1290.

Usted no es digno de ir con nosotros a Irak... Es por eso
que el coronel y yo tomamos la decisión de deshacernos
de usted tan rápido como nos sea posible"[4].

Esas son palabras duras. Pero Logan describe una
perspectiva diferente a la cual pudo aferrarse después de
morir con Cristo y ser resucitado a una nueva vida:

> "Familia" toma un significado totalmente nuevo en
> el bautismo. Si el ejército se negaba a reconocer la
> verdad sobre mí, e hizo que yo acabara en la cárcel a
> causa de mi objeción de conciencia, ello no iba a
> cambiar lo que yo era. Mi identidad está dictada
> interiormente; proviene de mi corazón donde Dios
> ha escrito una ley superior[5].

Ciudadanía en el cielo

El pensamiento de Pablo está en la misma línea que lo
de Logan cuando le recuerda a los Filipenses que "nosotros
somos ciudadanos del cielo" (3:20). Los residentes de
Filipos se habían enorgullecido por mucho tiempo debido
a su ciudadanía romana. Pero ahora los discípulos habían
muerto a sus antiguas idolatrías y lealtades y habían sido
resucitados para vivir en lealtad al Reino de los cielos.

Mientras escribo esto, me di cuenta de un mensaje en
Twitter escrito por Rick Warren, en el cual se lee: "Hacemos
nuestros compromisos, luego nuestros compromisos nos
hacen. Nunca le dé la lealtad que corresponde a algo de

---

4. Ibid., ubicación en Kindle 1374.
5. Ibid., ubicación en Kindle 1382.

prioridad a causas que son secundarias". Para el discípulo, su lealtad prioritaria es a una causa prioritaria: el Reino de Dios. Ser resucitado con Cristo significa que el futuro ha abierto camino en el presente, y comenzamos a vivir ahora lo que vamos a vivir en el futuro.

Este estilo de vida es el que vimos descrito anteriormente en Colosenses 3, uno caracterizado por la compasión, la bondad, la humildad, la amabilidad, la paciencia, el perdón y el amor (vv. 12-14). Estas cualidades no solo se mostrarán a otras personas dentro de la familia de Dios, sino también a los pobres, los que sufren y a los perdidos de este mundo, incluyendo a nuestros enemigos (Romanos 12:20). Estamos hablando de un mundo completamente nuevo o, al menos, de la vivencia de todo un mundo nuevo experimentado en medio de uno antiguo.

¿Pero cuán poderosa parecerá esta vida resucitada? Dado que se basa en el mundo de arriba y en el tiempo venidero, y dado que es una vida de servicio y no una vida de dominación, puede que no impresione a los que viven en la Tierra. No impresionó al oficial de mando de Logan. Puede parecer tan débil tal como Jesús fue visto por Pilato, pero debido a que proviene del cielo, silenciosamente sanará y transformará lo que toque.

Por lo tanto, ¿vamos a continuar en el pecado para que

la gracia abunde? ¡De ninguna manera! ¡Qué pensamiento tan espantoso! Hemos sido rescatados del dominio de la oscuridad, unidos a Cristo en su resurrección, trasladados al Reino del Hijo amado y hechos ciudadanos del cielo que viven en la tierra, buscando hacer la voluntad de Dios y no la nuestra. La vida del Reino, la vida bautizada, la vida resucitada, todo ello es lo mismo.

Cuando fuimos bautizados, también fuimos enterrados con Cristo y así compartimos su muerte para que así como Cristo resucitó por el gran poder del Padre, nosotros también andemos de acuerdo a la nueva vida (Romanos 6:4 PDT).

Preguntas para
estudio individual o en grupos

1 ¿Cómo se relaciona la resurrección de Jesús con su enseñanza sobre el Reino de Dios?

2 ¿Qué te ha convencido de que su resurrección fue real?

3 ¿Cuál es la diferencia entre creer en la resurrección como doctrina y experimentarla como una realidad?

4 ¿Qué es lo que te ha llamado la atención acerca de la descripción de Logan sobre su bautismo? ¿De qué modo son útiles para ti algunas de sus imágenes?

5 ¿Qué rol juega la verdad de la resurrección de Jesús en tu propia vida espiritual?

7

EL BAUTISMO
Y
EL ESPÍRITU

El Nuevo Testamento habla del Padre, Hijo y Espíritu Santo. Para ponerlo en términos más sencillos, la enseñanza bíblica de que Dios es nuestro Padre significa que nuestro Creador ama a la humanidad. La enseñanza de que Jesús es el Hijo significa que Dios entró en nuestro mundo para rescatarnos y llevarnos a una nueva forma de vivir. La enseñanza sobre el Espíritu Santo significa que Dios todavía está trabajando en su mundo y especialmente en su pueblo elegido, haciendo posible que vivan la nueva vida.

Hemos dicho varias veces que el bautismo recibe todo su significado de lo que Dios ha hecho y está haciendo en Cristo. Esto significa que también debemos decir que todo lo concerniente al bautismo recibe su significado del Espíritu Santo y que todo lo que acontece en el bautismo ocurre como resultado del trabajo del Espíritu. En todo lo que hemos hablado hasta ahora, el Espíritu Santo ha estado trabajando. Si la vida bautizada no es una vida llena del Espíritu, entonces no es una vida nueva.

El Espíritu Santo llega

El Espíritu Santo aparece temprano en nuestra historia. Juan el bautista enseñó que cuando llegara el Mesías habría una inmersión en el Espíritu Santo. La declaración más temprana de Jesús acerca de entrar en el Reino de Dios fue respecto a un nuevo nacimiento o uno que proviene del cielo y que sería del agua y *del Espíritu* (Juan 3:1-5). Él describió ríos de agua viva que fluirían de los que tengan fe en él, y Juan nos cuenta que Jesús estaba hablando del Espíritu Santo que sería dado después de que él hubiera sido glorificado (Juan 7, 38-39).

Jesús dedicó gran parte de su discurso final realizado en aquel cuarto de la planta alta, durante la última cena, a enseñar acerca de la llegada del consolador, aquel que anima, aconseja y consuela, el cual era el Espíritu Santo (Juan 14-16). Después de su resurrección Jesús enseñó acerca del Reino de Dios durante cuarenta días y luego le dijo a sus discípulos que esperaran hasta que recibieran el poder del Espíritu Santo (Hechos 1: 4, 8). Nada iba a suceder sin la acción del Espíritu.

En Hechos 2 el Espíritu descendió sobre los apóstoles

en el día de Pentecostés, cumpliendo la profecía en Joel 2. Este derramamiento del Espíritu sumergió a los apóstoles en su poder, lo que fue demostrado de diversas maneras, más notablemente en su habilidad de hablar lenguas que no habían aprendido y en su habilidad para hacer curaciones milagrosas.

Con el poder del Espíritu, Pedro predicó a una gran multitud reunida en ese particular día festivo y concluyó con la promesa de que todos los que se volvieran a Jesús en arrepentimiento y fueran bautizados recibirían el perdón y el don del Espíritu Santo.

Sin lugar a dudas, Lucas quería que supiéramos que el mensaje que Pedro predicó sería la norma, porque él nos dice que Pedro agregó: "La promesa es para ustedes, para sus hijos [la siguiente generación] y para todos los extranjeros [los gentiles], es decir, para todos aquellos a quienes el Señor nuestro Dios quiera llamar" (Hechos 2:39).

Cuando Felipe llevó el evangelio a Samaria, las personas fueron bautizadas en el nombre de Jesús, pero se nos dice que no recibieron el Espíritu Santo sino hasta que llegaron los apóstoles y pusieron sus manos sobre ellos (Hechos 8). Mediante este hecho que sale de lo normal, parece que el Espíritu no llegó a estos creyentes inmediatamente a fin de que algo fuera enfatizado.

Esta omisión hizo que algunos apóstoles fueran a

Samaria para contactarse con los samaritanos y poner las manos sobre ellos para que recibieran el Espíritu Santo. La promesa se cumplió, solo que no fue inmediatamente. El resultado de tal circunstancia fue que los samaritanos fueron plenamente aceptados como hermanos ya que nadie podía poner en duda que los apóstoles los hubieran aprobado.

Cuando el mensaje se envió por primera vez a los gentiles en Hechos 10, era la situación opuesta, en la cual el alejamiento de la norma fue más pronunciado, ya que el Espíritu Santo vino sobre los nuevos creyentes *antes* de su bautismo, en este caso para plantear otro punto (concretamente a Pedro, quien se mostraba dubitativo), de que los gentiles debían ser aceptados. Al ver esto, Pedro exclamó: "¿Acaso puede alguien negar el agua para que sean bautizados estos que han recibido el Espíritu Santo lo mismo que nosotros?" (Hechos 10:47).

Bautismo y el Espíritu Santo

Hay algunas ligeras variaciones en los relatos que ocurren a lo largo de Hechos 10, pero una cosa es constante: el bautismo y la llegada del Espíritu Santo se mantienen estrechamente vinculados. Esto sirve como un frecuente recordatorio de que la vida nueva debe tratarse de una vida con el poder que da el Espíritu.

Sistemas bastante complicados de teología han sido

desarrollados para defender diferentes puntos de vista sobre la relación del Espíritu con el bautismo, así como sobre cuál es el trabajo verdadero del Espíritu. Cada punto de vista tiene dificultades para armonizar todos los textos con sus enseñanzas. Tal vez esto se debe a que el Espíritu de Dios se niega a ser simplemente colocado en una caja o a ajustarse a un conjunto de fórmulas (compara con Juan 3: 8).

Soy consciente de que en este punto hay algunas aguas bastante complejas y turbulentas en las que podríamos tratar de navegar, pero está más allá del alcance de este libro exponer todos los pasajes relevantes y necesarios para hacer un debate a fondo sobre este tema. Nuestro propósito con este libro es enfocarnos en lo que significa vivir la vida bautizada. Y con tantas conexiones hechas entre bautismo en Cristo y la venida del poder del Espíritu Santo, queremos permanecer fieles a nuestro objetivo.

Dondequiera que aterricemos en algunos de estos debatibles asuntos, una cosa debe verse de modo tan claro como el agua, y ya lo hemos indicado antes: lo que Juan el Bautista dijo acerca de su bautismo y del bautismo de Jesús y el Espíritu Santo no significaba que el bautizar en agua ha llegado a su fin. Es entendible que podríamos haber leído mal la declaración de Juan al respecto, pero nos estaríamos equivocando. Los acontecimientos posteriores son claros en cuanto a que la inmersión no fue reemplazada por una especie de "bautismo en el Espíritu" que no involucrara cuerpos reales que ingresaran en aguas reales. Eso no sucedió ni en el ministerio de Jesús ni en el ministerio de la iglesia primitiva.

Lo que encontramos es que Jesús, en su Gran Comisión, ordena el bautismo de los discípulos en el nombre del Padre, Hijo y Espíritu Santo. Entonces Pedro, poco después, es escuchado predicando que el arrepentimiento y el bautismo traerían el perdón de los pecados y el don del Espíritu Santo.

Cuando miramos el resto de los pasajes del Nuevo Testamento que tratan del bautismo, encontramos que es constantemente presentado como un bautismo para conversión o para transformación. Basta con mirar cuidadosamente el contexto de cada texto bautismal para ver que es el lugar donde la antigua vida termina y comienza una nueva.

Pero aquí está el punto importante de este capítulo: esto solo puede ocurrir a través del poder del Espíritu Santo. Cuando nos rendimos, clamamos a Dios y somos sumergidos, el Espíritu nos lava y regenera (Tito 3: 5).

¿Estamos hablando de lo que algunas personas se refieren negativamente como "regeneración bautismal"? No es así; esta es una frase muy engañosa. Estamos hablando de una regeneración accionada y producida por el Espíritu que ocurre cuando uno es sepultado con Cristo y resucitado con él a una vida nueva.

En nuestro próximo capítulo vamos a estar revisando la relación existente entre el bautismo y la vida en el cuerpo de Cristo. Sin embargo, ya que este pensamiento está también relacionado con el Espíritu Santo, debemos aquí mencionar un pasaje clave:

> De hecho, aunque el cuerpo es uno solo, tiene muchos miembros, y todos los miembros, no obstante ser muchos, forman un solo cuerpo. Así sucede con Cristo. Todos fuimos bautizados por un solo Espíritu para constituir un solo cuerpo —ya seamos judíos o gentiles, esclavos o libres—, y a todos se nos dio a beber de un mismo Espíritu (1 Corintios 12:12-13).

No hay ninguna razón para pensar que Pablo esté hablando del bautismo de ninguna otra forma que no sea el momento en que uno es sumergido en el agua (ver 1 Corintios 1: 13-14). Él no está hablando de alguna experiencia interna o mística que fuera más "espiritual". Como ya hemos enfatizado que el bautismo es mucho más algo que Dios hace en lugar de algo que hacemos nosotros, no debería ser sorprendente escuchar que fuimos bautizados (voz pasiva) *por un mismo Espíritu*.

El bautismo se realiza en el agua física, y estamos en manos de otra persona, así como Jesús estuvo en manos de Juan, pero el Espíritu Santo es el que está trabajando. No es diferente de Hechos 2 cuando los apóstoles hablaron en otros lenguajes con lenguas de fuego sobre ellos; el Espíritu Santo estaba efectuando estos eventos históricos. Pablo está hablando a una iglesia dividida en Corinto donde muchos estaban tratando de competitivamente adelantarse uno del otro. Él les recuerda que el mismo Espíritu que les dio dones espirituales a cada uno de ellos también estuvo involucrado en traerlos a un solo cuerpo y en darse a sí mismo a todos, para que bebieran de él.

Todo se une en el bautismo

Debemos tratar de visualizar varios elementos que se reúnen en conjunto en un nuevo nacimiento: la muerte, sepultura y resurrección de Jesús, que abarcan el fondo del evangelio; nuestra fe producida por la predicación de la Palabra; nuestra confesión de Jesús como Señor; nuestro arrepentimiento y el rechazo de la antigua vida; la muerte del viejo hombre pecador y nuestra sepultura con Cristo en el bautismo; y el regalo de Dios y nuestra recepción del Espíritu Santo, el cual nos resucita de entre los muertos a una nueva vida y nos lleva al cuerpo de Cristo. No sería correcto ilustrar las citadas experiencias como algo así (figura C):

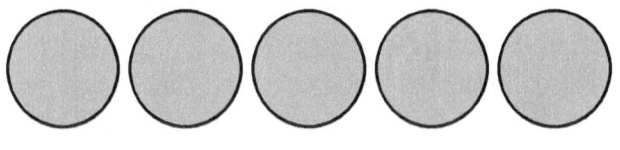

Figura C

No, no se trata de simples pasos de una secuencia en la cual cada elemento aparece uno detrás del otro, sino que todos están unidos, así como veremos a continuación (figura D), y superponiéndose en la producción de nuestra transformación.

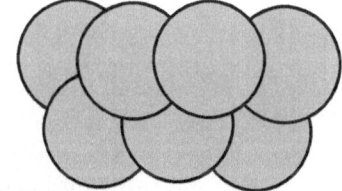

Figura D

Para efectos de este estudio, hemos separado varios de estos elementos presentándolos en capítulos separados, pero en realidad esta división no se puede hacer. Ni siquiera es correcto decir que el Espíritu Santo no tiene ningún papel hasta que hayamos demostrado tener fe y nos hayamos arrepentido. El Espíritu actúa en todo el proceso, reuniendo a la gente, tal como vemos en el libro de Hechos, y, según Jesús, es el Espíritu Santo el que nos convence de nuestro error en cuanto al pecado, la justicia y el juicio (Juan 16:8).

Verdaderamente, nos "convertimos" y somos bautizados por un mismo Espíritu. Es la obra del Espíritu de Dios de principio a fin, quien va reuniendo todos estos temas y eventos, juntándolos en uno solo.

Romanos sienta las bases

Hemos visto que Romanos 6 es un pasaje que establece los cimientos para el tema de este libro, pero en realidad deberíamos pensar igualmente que todo el libro de Romanos sienta las bases. Lo que Pablo dice en Romanos 4 guarda relación con lo que señala en Romanos 6, e igualmente lo que dice en Romanos 6 se relaciona con lo que viene más adelante en Romanos 8 (sin querer dejar de lado los capítulos 5 y 7 que son también vitales). Pero echemos un vistazo a cómo fluye el discurso de Romanos 6 hacia Romanos 8, mientras estudiamos la conexión entre el bautismo y el Espíritu Santo.

Hemos revisado el capítulo 6 desde varios ángulos, pero básicamente hemos entendido que Pablo dice: "¿Cómo podemos seguir en el pecado si hemos sido unidos con Cristo en su muerte y sepultura mediante el bautismo y resucitados para vivir una nueva vida?". Después de esta idea sigue una serie de declaraciones sobre nunca más permitirnos a nosotros mismos ser esclavos del pecado, sino en vez de ello, ser esclavos de la justicia.

Es interesante que en el capítulo 6 Pablo no hace referencia al Espíritu Santo, pero ¿acaso ello se debe a que el Espíritu no guarda relación con lo que él estaba diciendo? Prefiero sugerir que Pablo estaba enfrentando el mismo reto que yo tuve al redactar este libro. Había muchas ideas que se superponían, pero él no podía hablar de todo al mismo tiempo. Recuerda que no hubo capítulos en la obra original de Pablo, pero aún podemos decir que recuperó el tiempo perdido en el capítulo 8, en el cual menciona al Espíritu catorce veces. Debemos hacer la máxima conexión entre capítulos 6 y 8. Mira los pasajes temáticos de estos dos capítulos, los mismos que forman parte de la línea de pensamiento de Pablo:

> Por tanto, mediante el bautismo fuimos sepultados con él en su muerte, a fin de que, así como Cristo resucitó por el poder del Padre, también nosotros llevemos una vida nueva (Romanos 6:4).

> Y si el Espíritu de aquel que levantó a Jesús de entre los muertos vive en ustedes, el mismo que levantó a Cristo de entre los muertos también dará vida a sus cuerpos mortales por medio de su Espíritu, que vive en ustedes (Romanos 8:11).

Cuando Jesús salió de la tumba, fue su mismo cuerpo el que salió. ¿O no fue así? En cierto sentido, era el mismo.

Él podía ser reconocido. Las marcas estaban en sus manos y en su costado. Pero en otro sentido, él representaba todo un nuevo orden de vida, al parecer, tal como será para todos nosotros en el tiempo venidero (por ejemplo, él podía aparecer en una habitación aunque estuviera con puertas cerradas).

Del mismo modo, cuando salimos de las aguas del bautismo y damos un abrazo húmedo a alguien, nos vemos igual que antes, solo que un poco extraños, parados allí chorreando agua. Pero nosotros no somos lo mismo que antes. El mismo Espíritu que resucitó a Jesús de entre los muertos vive ahora en nosotros y da vida (vida espiritual) a nuestros cuerpos mortales. El Reino ha llegado a nosotros. Ahora pertenecemos a la época venidera.

El Espíritu Santo, el cual estaba obrando para alcanzarnos sin estar en nosotros, ya está dentro de nosotros. Y esta es la clave de todo lo que ha sucedido y sucederá. *Hemos nacido del Espíritu.* El Espíritu que no es mencionado en el capítulo 6 es realmente responsable de todo lo que se dice allí, tal como el capítulo 8 deja en claro.

Con este paradigma examinaremos Romanos 6 y 8 de una manera que probablemente nunca has usado antes para leer dichos capítulos. En vez de mirar estos textos como ideas separadas, quiero mostrar cómo se ven cuando los fusionamos y nos damos cuenta de que así es como se ven cuando superponemos la obra regeneradora del

Espíritu Santo a nuestra unión con Cristo en el bautismo.

> Romanos 6:6: Sabemos que nuestra vieja naturaleza fue crucificada con él para que nuestro cuerpo pecaminoso perdiera su poder, de modo que ya no siguiéramos siendo esclavos del pecado—
>
> > Romanos 8:4: ... a fin de que las justas demandas de la ley se cumplieran en nosotros, que no vivimos según la naturaleza pecaminosa sino según el Espíritu.

Nuestra vieja naturaleza fue crucificada juntamente con él, pero una vez que damos muerte a nuestra naturaleza pecaminosa, algo debe reemplazarla.

Si todo lo que sucede en el bautismo es que morimos al pecado, seremos como la casa que Jesús describe en Mateo 12:43-45. El espíritu maligno sale de una persona, luego regresa para encontrar que nada lo ha reemplazado. Él invita rápidamente a siete de sus amigos y se muda de nuevo, haciendo la situación aún peor de lo que era antes. Pero en nuestro caso, el Espíritu Santo hace mucho más que solo trabajar en nosotros, él se muda, entra en nosotros y está disponible 24 horas al día, para que no dependamos nunca más de nuestra antigua naturaleza pecaminosa, sino de un nuevo Consejero.

Romanos 6:7-8: ... porque el que muere queda
liberado del pecado. Ahora bien, si hemos muerto
con Cristo, confiamos que también viviremos con él.

> Romanos 8:6: La mentalidad pecaminosa es
> muerte, mientras que la mentalidad que proviene
> del Espíritu es vida y paz.

La razón por la que teníamos que morir y dejar que la
antigua naturaleza sea sepultada es que esta estaba
enfocada en sí misma y llena con el deseo de tener todo en
control, pero al mismo tiempo, encontrando que nunca es
completamente posible lograr esto. No importa cuánto
poder o control ganemos, nunca será suficiente. Pero
cuando confiamos en que el Espíritu de Dios se mueve
sobre la superficie de nuestras aguas, podemos tomar un
profundo respiro, disfrutar de la vida y sentir la paz de
Dios. Esto también es vivir la vida bautizada.

Romanos 6:11-12: De la misma manera, también
ustedes considérense muertos al pecado, pero vivos
para Dios en Cristo Jesús. Por lo tanto, no permitan
ustedes que el pecado reine en su cuerpo mortal,
ni obedezcan a sus malos deseos.

> Romanos 8:9: Sin embargo, ustedes no viven según
> la naturaleza pecaminosa sino según el Espíritu, si

es que el Espíritu de Dios vive en ustedes. Y si
alguno no tiene el Espíritu de Cristo, no es de Cristo.

Tal vez hayas oído que Google está diseñando un
automóvil que se maneja solo. Recuerdo haber leído hace
años que con el tiempo, podríamos llegar a tal punto.
Parecía imposible para mí, pero eso fue antes de que yo
hubiera oído hablar del GPS. Ahora me parece bastante
posible. Pero en nuestra nueva vida después del bautismo
nunca vamos a estar en piloto automático.

De forma consciente y determinada, tenemos que
seguir viviendo nuestro bautismo; es de lo que este libro
realmente trata. El pecado seguirá presentándose y
debemos seguir considerándonos muertos al mismo y
negarnos a obedecer los deseos pecaminosos. Pero nos
levantamos del bautismo siendo habitados por el Espíritu
de Dios, el Espíritu Santo, el Espíritu de Cristo. Fuimos
bautizados en el nombre del Padre, del Hijo y del Espíritu
Santo, y ahora tenemos al Espíritu porque pertenecemos
al Padre, al Hijo y al Espíritu Santo.

Aún habrá tiempos de confusión; todavía habrá
momentos en que luchemos contra el mundo; pero
nosotros no somos más controlados por el mundo o por
nuestra naturaleza pecaminosa. Somos controlados por el
Espíritu Santo, y podemos escoger rendirnos una y otra
vez al Espíritu.

Se cuenta que cuando las batallas espirituales se volvieron más intensas en la vida de Martin Lutero, daba golpes firmes en su escritorio diciendo: "¡Yo estoy bautizado! ¡Yo estoy bautizado!". Esto es algo muy bueno para decir, especialmente mientras mantenemos en mente que todo se trata del poder del Espíritu.

Romanos 6:17: Pero gracias a Dios que, aunque antes eran esclavos del pecado, ya se han sometido de corazón a la enseñanza que les fue transmitida.

Romanos 8:15-16: Y ustedes no recibieron un espíritu que de nuevo los esclavice al miedo, sino el Espíritu que los adopta como hijos y les permite clamar: «¡Abba! ¡Padre!» El Espíritu mismo le asegura a nuestro espíritu que somos hijos de Dios.

En un momento estábamos atrapados por el pecado, hundidos hasta las rodillas en él y éramos sus esclavos. Entonces la buena nueva de la liberación nos fue enseñada, nos rendimos y dimos todo nuestro corazón a Dios en Cristo. Ello nos trajo el Espíritu Santo, el cual, a su vez, trae todo lo que es contrario al miedo y a la esclavitud. Cuando uno muere a sí mismo, realmente encuentra su vida, porque recibe el Espíritu de adopción como hijos.

Eso significa que ahora conocemos a Dios. Conocemos

a él como *Abba*, Padre. Imposible llegar a tener una relación más íntima o cercana que esta. Tenemos sus oídos; somos la niña de sus ojos. Es como pasar de estar en la cárcel a ir al salón del trono real donde somos los hijos del Rey. Recuerda el capítulo 2 sobre la gracia. El Espíritu Santo nos resucitó y al vivir la vida bautizada podemos sentirnos seguros y confiados de nuestra identidad.

Romanos 6:19: Hablo en términos humanos, por las limitaciones de su naturaleza humana. Antes ofrecían ustedes los miembros de su cuerpo para servir a la impureza, que lleva más y más a la maldad; ofrézcanlos ahora para servir a la justicia que lleva a la santidad.

Romanos 8:26: Así mismo, en nuestra debilidad el Espíritu acude a ayudarnos. No sabemos qué pedir, pero el Espíritu mismo intercede por nosotros con gemidos que no pueden expresarse con palabras.

Incluso una clara identidad no quita nuestra debilidad. Somos los hijos del Rey en su reino, pero por ahora estamos en la época actual. El poder de la época venidera ya está obrando en nosotros, pero como seres humanos, aún tenemos una lucha. Sin embargo, el Espíritu no nos regaña ni ridiculiza nuestra debilidad. Él no dice: "¿Qué

clase de cristiano eres tú; no sabes orar?". En cambio, fiel
al nombre que Jesús le dio en Juan 14-16, el Espíritu nos
ayuda en nuestra debilidad e intercede por nosotros,
incluso cuando fallamos en la más fundamental de las
prácticas espirituales, la oración.

> Romanos 6:22-23: Pero ahora que han sido
> liberados del pecado y se han puesto al servicio de
> Dios, cosechan la santidad que conduce a la vida
> eterna. Porque la paga del pecado es muerte,
> mientras que la dádiva de Dios es vida eterna en
> Cristo Jesús, nuestro Señor.

> > Romanos 8:23-24: Y no sólo ella, sino también
> > nosotros mismos, que tenemos las primicias del
> > Espíritu, gemimos interiormente, mientras
> > aguardamos nuestra adopción como hijos, es decir,
> > la redención de nuestro cuerpo. Porque en esa
> > esperanza fuimos salvados. Pero la esperanza que
> > se ve, ya no es esperanza. ¿Quién espera lo que ya
> > tiene?

A pesar de que describen la nueva vida desde dos
diferentes ángulos, los capítulos 6 y 8 muestran personas
impulsadas por una esperanza en común producida por
un solo Espíritu. La vida bautizada, descrita también como
la nueva vida que tiene poder por el Espíritu Santo,

conduce a beneficios y frutos que dan evidencia de cosas aún más grandes por venir.

La vida bautizada es vida en el Espíritu. Es una vida que afirma que el Espíritu Santo es la fuente de nuestra nueva vida y da fe de que él sigue actuando en nosotros de forma individual y colectiva en el cuerpo de Cristo.

Pero nosotros, que somos como pequeños peces que seguimos el ejemplo de nuestro Ichthus (ΙΧΘΥΣ), Jesucristo, somos nacidos del agua y no encontramos seguridad en ningún otro medio ni en ninguna otra manera que no sea mantenernos permanentemente en agua...

Preguntas para
estudio individual o en grupos

1. Juan el Bautista dijo: "Yo los bautizo a ustedes con agua para que se arrepientan. Pero el que viene después de mí es más poderoso que yo, y ni siquiera merezco llevarle las sandalias. Él los bautizará con el Espíritu Santo y con fuego" (Mateo 3:11). Esto parecería indicar que el bautismo por agua sería reemplazado. ¿Cómo sabemos que tal entendimiento sería erróneo?

2. ¿Cómo la conexión entre el Espíritu Santo y el bautismo enfatiza la idea de que el bautismo en el Nuevo Testamento es para conversión?

3. Cuando piensas en tu bautismo, ¿qué pensamientos tienes acerca del Espíritu Santo? Reflexiona acerca de ello y comenta tu respuesta.

4. Piensa en algunas de las cosas que hemos visto acerca de vivir la vida bautizada. ¿Por qué el Espíritu Santo es tan importante para vivir dicha vida?

5. ¿Qué puedes hacer para ser más consciente de la obra del Espíritu?

8

EL BAUTISMO Y EL CUERPO DE CRISTO

Intenta imaginar, por un momento, ser parte de la multitud durante el Festival de Pentecostés, unos cincuenta días después de que Jesús fuera crucificado. No vives en Jerusalén, pero has llegado allí para esta ocasión especial, desde tu propio hogar situado en Capadocia (la parte central de lo que hoy en día se conoce como Turquía).

Te mezclas entre la multitud compuesta por residentes locales y miembros de la dispersión judía, como tú, provenientes de docenas de ciudades o regiones del mundo.

De repente escuchas varias lenguas que son habladas al mismo tiempo. En medio del barullo identificas a alguien hablando en el lenguaje de los capadocios, y lo oyes claramente, pero luego en la confusión de voces se hace evidente que todo el mundo está escuchando su propia lengua. Te paras asombrado ante el milagro que está ocurriendo a tu alrededor.

Se escuchan preguntas que son gritadas a las personas que están hablando; de entre ellas, una voz emerge como la voz principal. Esta persona se dirige a la multitud para hablarles de cómo un hombre llamado Jesús de Nazaret había cumplido la profecía del Antiguo Testamento al venir como el Mesías de Israel. Habla de la muerte y resurrección de este Jesús. Su mensaje, combinado con los eventos milagrosos del día, es poderoso y convincente. Sientes tu corazón quebrantado. Eres uno de los tantos que gritan: "Hermanos, ¿qué debemos hacer?". Nunca olvidarás su respuesta: "Arrepiéntanse y sean sumergidos, cada uno de ustedes, en el nombre de Jesucristo para el perdón de sus pecados. Y recibirán el don del Espíritu Santo".

Tú y otros cientos de personas están ansiosos por responder. Haces fila en una de las muchas piscinas de agua que hay en la zona del templo. Dondequiera que mires, las personas son sumergidas en el nombre de Jesús. La escena es surrealista; cuando planeabas por meses tu viaje, esto fue lo último que esperarías que sucediera. No tienes idea de todo lo que esto significará para tu futuro, pero lo que sí sabes es que te estás comprometiendo con Jesús como tu Señor y Mesías.

Décadas más tarde, después de haber crecido en tu entendimiento y fe, habiendo soportado muchas pruebas en Capadocia por causa de tus convicciones, ahora estás entrado en años.

Un día, un manuscrito es traído a tu ciudad por uno de tus compañeros creyentes, y los ancianos de tu congregación planean leerlo a los discípulos. Es una obra anónima, pero el mensajero dice que fue escrito por Lucas, quien viajó con Pablo por estas mismas tierras. Escuchas con cierto asombro, ya que comienza con la descripción de los acontecimientos ocurridos en Jerusalén de los que fuiste parte hace tanto tiempo.

El sermón de Pedro es relatado, se describen los numerosos bautismos y luego oyes estas declaraciones que traen de vuelta una avalancha de recuerdos:

> Así, pues, los que recibieron su mensaje fueron bautizados, y aquel día se unieron a la iglesia unas tres mil personas. Se mantenían firmes en la enseñanza de los apóstoles, en la comunión, en el partimiento del pan y en la oración. Todos estaban asombrados por los muchos prodigios y señales que realizaban los apóstoles. Todos los creyentes estaban juntos y tenían todo en común... Todos los creyentes eran de un solo sentir y pensar. Nadie consideraba suya ninguna de sus posesiones, sino que las compartían.

Si bien no lo entendiste totalmente en el primer día cuando sucedió, tu decisión de seguir a Jesús y ser bautizado en su nombre significaba que también estabas

siendo integrado a una confraternidad que llevaría a cabo
su trabajo y que incluso sería llamada su cuerpo. En tanto
tú y otros se dedicaban a la enseñanza de los apóstoles,
ellos te iban enseñando que formaban parte de la nueva
comunidad mesiánica que estaría viviendo las actitudes y
principios del Reino de Dios.

Aunque luego de tu bautismo no sabías cómo vivir la
vida en Cristo, tú y los demás rápidamente aprendieron
que el compromiso hacia Jesús no era un asunto para
vivirlo aislado. Estaba rodeado de expresiones radicales de
personas que compartían sus vidas juntas.

El bautismo nos sitúa en el cuerpo de Cristo

Este relato de ficción, aunque verosímil, captura un
aspecto del bautismo del cual solo hemos hecho algunas
alusiones muy rápidas, hasta el momento. Sin embargo,
ninguna imagen de la vida bautizada estaría completa sin
entender claramente que el bautismo no solo nos lleva a
una relación con Cristo, sino que nos sitúa en el cuerpo de
Cristo y nos lleva a un nuevo orden de relaciones con los
demás. Beasley-Murray lo describe de esta manera:

> El hecho realmente importante, entonces, que
> debemos tener en cuenta es la indivisibilidad de los
> dos aspectos del bautismo: es un bautismo en Cristo
> y en el Cuerpo. Es a la vez profundamente personal
> y totalmente colectivo, involucrando al creyente en

una relación simultánea con la Cabeza y con todos
los miembros del Cuerpo[1].

Hay mucho en nuestra cultura que se enfoca en el
individuo, y a menudo las experiencias espirituales son
moldeadas por una perspectiva individualista. Más y más
gente ahora se describe a sí misma como personas
espirituales pero que no profesan ninguna religión, lo cual
es otra forma de decir: "A mí solo me gusta hacer las cosas
a mi manera, sin estar conectado a alguna organización o
a algún grupo".

Sin embargo, como vemos líneas arriba, en el relato de
Hechos 2, que solo parcialmente está redactado en forma
de novela, el bautismo sí tenía los dos aspectos a los que
Beasley-Murray se refiere.

En primer lugar, lo lleva uno a unirse con Cristo, que
es, tal como hemos subrayado, lo que otorga al bautismo
todo su significado. Pero debido a que Jesús estaba
llamando a unirse a una comunidad que viviría el mensaje
del Reino de Dios y a anunciarlo al mundo, el bautismo
también lo lleva a uno a ser parte de esa comunidad.

Más allá del ejemplo en Hechos, tenemos a Pablo
dando algunas claras enseñanzas sobre esto en varios
lugares. Una vez más, a la iglesia en Corinto, que estaba
dividida y que tenía tendencias muy similares a las que
encontramos en el mundo occidental de hoy, él escribió

---

1. Beasley-Murray, *Baptism*, 282.

esas palabras que vimos en el capítulo anterior:

> De hecho, aunque el cuerpo es uno solo, tiene muchos miembros, y todos los miembros, no obstante ser muchos, forman un solo cuerpo. Así sucede con Cristo. Todos fuimos bautizados por un solo Espíritu para constituir un solo cuerpo —ya seamos judíos o gentiles, esclavos o libres—, y a todos se nos dio a beber de un mismo Espíritu (1 Corintios 12:12-13).

Leímos el pasaje anteriormente para enfatizar la acción del Espíritu Santo, pero la intención principal de Pablo era ayudarlos a ver que el mismo Espíritu había traído a todos ellos a un solo cuerpo. En ese contexto, sus argumentos mezquinos sobre quién tenía los regalos más grandes y su incapacidad para trabajar juntos en unidad no solo no tenía ningún sentido, sino que estaba destruyendo la obra de Dios. El lenguaje bautismal de Pablo es claro: en el bautismo nos sumergimos en un solo cuerpo por un mismo Espíritu. Dado que ya hemos descrito en el capítulo anterior cómo es el Espíritu el que nos bautiza, aun cuando seamos sumergidos en las aguas por otra persona, no será necesario tratar aquí ese tema de nuevo. Aquí solo tenemos que hacer hincapié en que no existe una separación entre el bautismo en Cristo y el bautismo en su cuerpo, la iglesia. Vivir la vida bautizada es, entonces, más que vivir una vida espiritual y una vida moral; es una vida *de vínculos*, una vida compartida. La palabra griega para confraternidad usada en Hechos 2 es *kononia*, y significa "compartir juntos una vida en común". En el bautismo nos sumergimos en esta vida que se vive con los demás y para los demás.

Todos son uno en Cristo Jesús

Te darás cuenta que en 2 Corintios 12 que Pablo específicamente menciona diversos grupos raciales, étnicos o sociales de donde provienen los cristianos, y él está diciendo claramente que esas diferencias ahora llegaron a su fin como resultado del bautismo en Cristo. Las personas en el grupo se relacionan unas con otras basándose en su relación en común con Cristo. Todas las demás etiquetas y diferencias son parte de la antigua vida y no tienen lugar en el Reino de Dios. La comprensión de este punto se desarrolla aún más en Gálatas 3:

> Todos ustedes son hijos de Dios mediante la fe en Cristo Jesús, porque todos los que han sido bautizados en Cristo se han revestido de Cristo. Ya no hay judío ni griego, esclavo ni libre, hombre ni mujer, sino que todos ustedes son uno solo en Cristo Jesús. Y si ustedes pertenecen a Cristo, son la descendencia de Abraham y herederos según la promesa (vv. 26-29).

Al ser bautizados con la fe puesta en Cristo, Pablo dice que los han revestido de Cristo y que esa realidad ahora anula todas las demás identidades que se pudieran tener. Desde una perspectiva espiritual, ya no son judíos ni griegos, ni esclavos ni libres, ni hombres ni mujeres, sino que todos son uno en Cristo Jesús. Esta es una idea poderosa que tiene muchos efectos y que nos permite conocer cuánto hemos sido cambiados en nuestro bautismo.

Esta forma de hablar era radical. Decir que "no hay... hombre ni mujer" fue especialmente revolucionario. Al hacer una declaración como tal se corría el riesgo de sacar a la luz un asunto espinoso, pero Pablo estaba dispuesto a pasar por ello para poner de relieve la profunda transformación que significa el ser revestidos de Cristo en el bautismo.

Nos encontramos con un lenguaje similar en la carta de Pablo a los Colosenses. En el capítulo 3, escribe:

> Dejen de mentirse unos a otros, ahora que se han quitado el ropaje de la vieja naturaleza con sus vicios, y se han puesto el de la nueva naturaleza, que se va renovando en conocimiento a imagen de su Creador. En esta nueva naturaleza no hay griego ni judío, circunciso ni incircunciso, culto ni inculto, esclavo ni libre, sino que Cristo es todo y está en todos (vv. 9-11).

Una vez más, se nos habla del fin de todas las viejas categorías y divisiones. Pablo no menciona el bautismo aquí, pero al referirse a la vieja naturaleza y la nueva naturaleza, él continúa edificando sobre la base de lo que dijo anteriormente en el capítulo 2:

> Además, en él fueron circuncidados, no por mano humana sino con la circuncisión que consiste en despojarse del cuerpo pecaminoso. Esta circuncisión la efectuó Cristo. Ustedes la recibieron al ser sepultados con él en el bautismo. En él también fueron resucitados mediante la fe en el poder de Dios, quien lo resucitó de entre los muertos (vv. 11-12).

Así que vemos en estos tres casos donde Pablo describe para los creyentes una nueva forma de pensar acerca de categorías étnicas, sociales e incluso de género, hay una conexión hecha con el bautismo, el cual es visto como un lugar donde ocurre un cambio radical.

Este es otro argumento que demuestra que un tema profundo del Nuevo Testamento está socavado por la tendencia histórica de marginar el bautismo y hacer de él simplemente un acto simbólico o un elemento más en una lista de buenas obras por hacer. Para Pablo, plantear el tema del bautismo en estos contextos demuestra justamente cuánto se le consideraba como un momento de gran transformación. Es difícil creer que él, al hacer el llamamiento crucial para poner fin a grandes divisiones o prejuicios, se basaría en el bautismo que su lector había realizado, a menos que esto fuese algo fundamental y de un profundo significado.

Implicaciones prácticas de estar en el cuerpo

¿Cuáles son las implicaciones para los que viven la vida bautizada? En primer lugar, es sumergirte a ti mismo en la confraternidad, en esa vida común compartida. Ya no se trata de verte a ti mismo como un individuo que simplemente protege lo que es suyo y se preocupa de sus propios asuntos, sino más bien es verte a ti mismo como una parte entre muchas piezas valiosas que están siendo todas reunidas por el Espíritu de Dios para vivir su voluntad en la tierra así como es en el cielo.

En segundo lugar, es apreciar que se te ha reunido junto a los demás porque ellos te necesitan y tú los necesitas a ellos. Todos nos necesitamos unos a otros para llegar a ser todo lo que Dios desea que seamos; nos ayudaremos mutuamente. Dicho plan es totalmente coherente con el hecho de morir a la antigua naturaleza dominada por un corazón orgulloso, arrogante e interesado en sí mismo. Encaja más bien con el hecho de ponerse el nuevo ser que vela por los intereses de los demás.

En tercer lugar, se trata de ver que en el bautismo, nuestras antiguas clasificaciones étnicas, raciales, sociales y de género murieron, como también han muerto las clasificaciones de otros quienes han sido bautizados en Cristo. Ahora somos una nueva humanidad. Esto no significa que renunciamos a nuestra raza o nacionalidad, o que no reconozcamos o respetemos el legado de quienes son diferentes a nosotros. No significa que nosotros, en formas tontas o absurdas, ignoremos las diferencias entre los hombres y las mujeres. Pero sí quiere decir que el valor y el mérito dentro de la confraternidad nunca son asignados basándose en categorías y etiquetas.

Significa que los privilegios nunca se dan o se deniegan en base a este tipo de cosas. Significa que el amor nunca es retenido para algunos y dado a otros sobre la base de las antiguas clasificaciones. Siempre es más cómodo estar con aquellos que son como nosotros, pero aquellos que toman con seriedad pertenecer al cuerpo de Cristo reconocen cuán importante es superar la incomodidad y ser un testimonio para el mundo de cómo son diferentes las cosas en el Reino de Dios.

En algunas tradiciones, el bautismo se trata principalmente de formar parte en la membresía de la iglesia; a menudo, la gente lo ve como algo que se hace para unirse a una comunidad religiosa. Bíblicamente, el bautismo se trata en primer lugar de Jesucristo y, entonces, debido a la relación de Jesús con la iglesia, el bautismo también se trata de la iglesia. Unirse a Cristo es amar lo que él amó, y él amó a la iglesia y "se dio a sí mismo por ella" (Efesios 5:25).

Vivir la vida bautizada siempre significará compartir juntos la vida en común del pueblo de Dios: el aceptar, perdonar, animar, fortalecer, desafiar y consolar. Significará amar a la iglesia como Jesús la ama[2].

Hermanos y hermanas en Cristo

Mientras escribía este capítulo, tuve una sorprendente conversación con Bob, un hermano de nuestra congregación, que hizo que ambos sospecháramos que podríamos estar relacionados como parientes. Al verificar algunos registros de la familia, nuestra sospecha se confirmó muy rápidamente, y luego pasamos varios días investigando algunos de los detalles y hablando sobre los ancestros que tenemos en común y algunos lugares donde nuestras familias habían vivido.

Poco después hablé con el hermano de Bob, Bill, quien vive a varias horas de distancia. Él había estado investigando las conexiones familiares durante treinta años y —una sorpresa para mí— había entrevistado a mi abuela al inicio de su investigación, sin nunca haber hecho una conexión entre ella y yo.

Había oído hablar de personas que llegan a emocionarse acerca de sus genealogías y antecedentes

2. Para leer más sobre este aspecto de la vida bautizada, véase *Unos a Otros: relaciones transformadoras en el cuerpo de Cristo*, escrito por este autor y Steve Brown (www.goodbookpress.com).

familiares, pero inesperadamente, encontré que eso mismo me estaba ocurriendo a mí. De repente, el pueblecito de Waterloo, Alabama (con una población de 250 habitantes), un lugar donde pasé muchos días de mi infancia, aprendiendo de mi abuelo sobre la pesca, matanza de cerdos y la jardinería, estaba a menudo en nuestra conversación.

Pero de manera más significativa, Bob, Bill y yo, quienes somos todos hermanos en Cristo y que nos hemos conocido unos a otros por algún tiempo, nos encontramos a nosotros mismos sintiendo una afinidad especial y estando más deseosos de estar en contacto. ¡Después de todo, somos familia!

Todo esto ha sido muy divertido, pero también sé que el Espíritu quiere trabajar en momentos como esos para enseñarnos un entendimiento más profundo de la voluntad de Dios. Reflexionar en esa experiencia que tuve me ha permitido apreciar más profundamente a todos mis hermanos y hermanas en Cristo. Ahora miro a mi alrededor la confraternidad en mi familia espiritual. Tan emocionante como fue mi pequeño descubrimiento que he relatado, me doy cuenta de que comparto con cada uno de ellos algo más importante que un apellido o un pequeño pueblo desconocido.

En el bautismo he sido revestido de Cristo y lo mismo ha pasado con ellos. He sido adoptado por el Padre y se me ha dado su Espíritu, pero también a ellos. Y no somos familiares lejanos, sino hermanos y hermanas en la única familia que realmente va a durar. Vivir la vida bautizada significa mostrar al mundo que somos uno en Cristo. Significa compartir la buena noticia del Reino de Dios con todas las naciones, con todos los grupos étnicos, y hacerles saber que ellos, también, pueden ser parte de la gran familia de Dios.

Por consiguiente, cada uno debe considerar el bautismo como su vestido cotidiano que deberá revestir sin cesar...

Preguntas para
estudio individual o en grupos

1. Vuelve a leer la primera cita de Martin Lutero que se encuentra en el capítulo 1. ¿Qué pensamientos tienes acerca de los comentarios que él hace en este punto de nuestro estudio? ¿Tus pensamientos difieren ahora de lo que pensaste al inicio?

2. Se dice que el Espíritu nos bautiza en un solo cuerpo. ¿Cuáles son las implicaciones de que el Espíritu esté conectado a este cuerpo?

3. ¿Qué tiene de peligroso y cuán antibíblico es abordar la idea de salvación o de una relación con Dios teniendo un espíritu de individualismo?

4. Si vivir la vida bautizada significa renunciar a todas las formas en que ponemos a las personas en categorías y compartimentos, ¿cuál sería el mayor reto para ti al respecto?

5. Todos tendemos a ser atraídos por los que son como nosotros. ¿Por qué crees que es importante, para los que estamos en Cristo, poner especial empeño en desarrollar relaciones cercanas con los que no son como nosotros, pero que también están en Cristo?

6. ¿Cuáles son las mayores bendiciones de vivir la vida bautizada dentro del cuerpo de Cristo, la comunión de los creyentes?

9

EL BAUTISMO
Y
LA FE

"¡Ay de ustedes, maestros de la ley y fariseos, hipócritas! Dan la décima parte de sus especias: la menta, el anís y el comino. Pero han descuidado los asuntos más importantes de la ley, tales como la justicia, la misericordia y la fidelidad. Debían haber practicado esto sin descuidar aquello."

(Mateo 23:23)

La mayoría de nosotros que leemos este libro hemos estado literalmente en cientos y probablemente miles de clases donde nos hemos sentado a escuchar a alguien enseñar. Si bien somos capaces de leer, escribir y entender muchos conceptos incluyendo aquellos espirituales como resultado acumulativo de esas clases, la verdad es que recordamos en detalle muy pocas de esas clases en particular. Si me preguntaran qué clases recuerdo más nítidamente, hay una que inmediatamente me viene a la mente. Yo tenía un poco menos de treinta años. El profesor era un hermano mayor en la fe que estaba pasando unos días con nuestra congregación. Impartió una clase el domingo por la mañana, basada en este pasaje de Mateo 23, y su forma de enseñar grabó este versículo en mi corazón para siempre.

"¿Cómo vieron los fariseos la voluntad de Dios? ¿Cómo vio Jesús la voluntad de Dios? ¿Cuál era la diferencia?", preguntó el maestro retóricamente a la clase. Dibujó en la pizarra cuatro o cinco rectángulos en posición vertical. Dijo: "Los fariseos veían la voluntad de Dios de la misma forma que tu verías un conjunto de fichas de dominó o un conjunto de bloques, donde cada bloque tuviera el mismo peso y el mismo tamaño".

Luego dibujó un tiro al blanco. "Jesús, por el contrario, ve la voluntad de Dios más como esto (señalando el centro del tiro al blanco) con ciertas cosas que son más centrales y más importantes que otras". El profesor citó la versión King James de la Biblia (la versión en inglés que más corresponde a la Reina-Valera Antigua) donde Jesús dice: "Dejasteis lo que es lo más grave de la ley".

Él se dedicó a enseñar que todo en cuanto a la voluntad de Dios es valioso y significativo, pero hay algunas áreas que son más cruciales y más centrales. Otras cosas dependen de tener dichas áreas cruciales en su lugar. Esto no era una idea nueva para mí. No representaba un gran cambio de paradigma. Pero su ilustración tan sencilla, contrastando los bloques con el tiro al blanco, me dio una herramienta que yo usaría innumerables veces el resto de mi vida. Lo que Jesús enseñó aquí es vital para la interpretación bíblica o hermenéutica[1]. Es vital para vivir una vida espiritual.

El centro del tiro al blanco

Siempre debemos preocuparnos de lo que está en el centro del tiro al blanco y, por razones obvias, tenemos que poner el amor de Dios y su gracia exactamente en el centro. Sin embargo, en lo que se refiere a la parte humana, nada es más importante que la fe. "Fe" es la palabra dominante que se usa en las Escrituras para describir la respuesta necesaria al evangelio. En *Fuerte en la Gracia* escribí estas palabras:

> En el Nuevo Testamento hay 472 apariciones de la palabra "fe" o una forma de las palabras "confiar" o "creer"; tal cantidad es 49 asombrosa comparada con las 200 referencias a "amor", las 75 referencias a "esperanza", las 64 a alguna forma de la palabra "bautizar", las 68 a alguna forma de la palabra "obedecer" y las 52 referencias a alguna forma de la palabra "arrepentir". Por supuesto, solo examinando algunos de los textos clave es que vemos el

---

1. Se define como hermenéutica al arte basado en la interpretación de textos, en especial, de aquellas obras que se consideran como sagradas.

significado de "fe", pero tan solo la cantidad de referencias nos muestra que este era el elemento primario en la respuesta a las buenas noticias[2].

Luego, hice una lista con el texto completo de treinta y seis pasajes que mostraban que la principal respuesta ordenada por Dios ante la gracia que viene de Cristo es la fe. Aquí hay tan solo una muestra de estos textos:

Juan 6:28-29

—¿Qué tenemos que hacer para realizar las obras que Dios exige? —le preguntaron.

—Ésta es la obra de Dios: que crean en aquel a quien él envió —les respondió Jesús.

Hechos 20:21

A judíos y a griegos les he instado a convertirse a Dios y a creer en nuestro Señor Jesús.

Romanos 1:17

De hecho, en el evangelio se revela la justicia que proviene de Dios, la cual es por fe de principio a fin, tal como está escrito: «El justo vivirá por la fe.»

Romanos 5:1-2

En consecuencia, ya que hemos sido justificados mediante la fe, tenemos paz con Dios por medio de nuestro Señor Jesucristo. También por medio de él, y

2. Thomas A. Jones, *Fuerte en la Gracia* (Spring Hill, TN: DPI, 2012), 50, www.goodbookpress.com.

mediante la fe, tenemos acceso a esta gracia en la cual nos mantenemos firmes. Así que nos regocijamos en la esperanza de alcanzar la gloria de Dios.

Gálatas 3:11

Ahora bien, es evidente que por la ley nadie es justificado delante de Dios, porque «el justo vivirá por la fe».

Efesios 2:8

Porque por gracia ustedes han sido salvados mediante la fe; esto no procede de ustedes, sino que es el regalo de Dios.

Con estos, y casi otros treinta pasajes en el Nuevo Testamento, mostré cómo una persona es justificada, es decir, cómo ella puede llegar a estar bien con Dios a través de la fe. Las palabras para "creer" y "fe" en griego son *pisteo* y *pistis*, respectivamente, y significan más que una creencia intelectual; más bien, tienen que ver con la confianza. Puedo creer que los hechos básicos acerca de Jesús son verdad, pero la fe bíblica significa poner mi confianza en él, no solo tener ciertas ideas acerca de él.

Por lo tanto, lo que nos permite recibir la gracia de Dios y lo que nos justifica delante de él es que confiamos en y dependemos de Jesús, el mensaje de su reino, su muerte y su resurrección.

Las primeras palabras registradas de Jesús en su ministerio fueron estas: "Se ha cumplido el tiempo… El reino de Dios está cerca. ¡Arrepiéntanse y crean las buenas nuevas!" (Marcos 1:15). El arrepentimiento es vital, porque significa dejar de confiar en nosotros mismos, nuestros planes y nuestro desempeño. También significa renunciar a poner nuestra confianza en el dinero, el poder, el placer y otros falsos dioses de hoy en día. Creer significa confiar en las buenas nuevas del Reino y confiar en lo que Jesús ha hecho.

Algunos hablan de "sola fe", pero esa es una frase engañosa y errónea, que no encontrarás en las Escrituras, simplemente porque la verdadera fe nunca va a estar "sola". Siempre se acompaña por la obediencia (Romanos 1:5). Pero esto es importante: ni nuestras acciones, ni nuestro desempeño nos llevan a Dios. Somos llevados a Dios por nuestra fe (nuestra confianza) en él (Romanos 4:5).

En nuestro estudio hemos visto que una gracia asombrosa viene a nosotros en el bautismo. Como dijo Lutero, las bendiciones del bautismo son tan grandes que es posible dudar de que todas ellas puedan ser verdad. Pero esto es lo que debemos entender: todo lo señalado en el Nuevo Testamento sobre los efectos del bautismo depende de que exista algo más cercano al centro del tiro al blanco, y esto es la fe.

Así como los átomos son los bloques constitutivos fundamentales de la materia, y tal como a menudo se dice que los aminoácidos son los principales pilares para la formación de la vida, la fe es el bloque constitutivo primordial de la vida espiritual y del bautismo mismo. El bautismo es importante. Se nos recuerda traerlo a la memoria y entender lo que pasó allí. Pero la fe es más importante; es mucho más fundamental.

Así que uno podría honestamente preguntar: "Si la fe es tan vital y algo más grande que el bautismo, ¿por qué el bautismo es necesario? ¿Por qué todavía hablar de la vida bautizada? ¿Por qué no simplemente escribir de la vida fiel? ¿Por qué enfocarnos aun en lo menor, cuando tenemos lo más grande?"

En realidad, algunos grupos han ido por ese camino, y lo han transitado llegando tan lejos como han podido. Hace cuarenta años, leí varios libros de un autor que ha influido mucho en mí. Sus libros aún están en mi biblioteca actual. Tuve oportunidad de ir una vez a escucharlo hablar. Sin embargo, más tarde descubrí que él estaba en una de las dos denominaciones más conocidas que no practican el bautismo en absoluto.

Si bien la mayoría de grupos no han llegado tan lejos, muchos han visto la fe como algo mucho más importante que el bautismo, de modo que a este último, en el mejor de los casos, se le dedica (1) una nota al pie de página en su teología y (2) tal vez un domingo o dos al año para asegurarse de que todo el mundo "lo haya hecho". Pero eso difícilmente encaja con los textos bautismales que hemos examinado en este libro, todos los cuales tienen una naturaleza de transformación.

Uniendo la fe y el bautismo

Entonces, ¿cómo podemos hacer para juntar estos dos elementos? Por un lado, tenemos la fe, lo cual es un pilar fundamental y exactamente en el centro del tiro al blanco. Por otro lado, tenemos el bautismo, del cual se habla en términos profundos y significativos, pero claramente siendo menor. ¿Cómo vemos su relación? Probablemente no es algo tan complicado.

En primer lugar, no queremos dejar de lado el bautismo, ya que ciertamente eso no es lo que las Escrituras hacen.

En segundo lugar, no queremos elevar el bautismo y darle algún poder o significado que las Escrituras no le da, recordando siempre que no es tan grande como la fe.

En tercer lugar, queremos mirar los textos que muestran cómo la fe y el bautismo se juntan y qué relación tienen entre sí.

Por último, después de haber escuchado las Escrituras, debemos confiar en Dios, dejando que sean las Escrituras las que nos guíen y no la lógica o la tradición.

Hay dos pasajes que nos pueden ayudar aquí, porque son los únicos dos que directamente hablan de la interacción entre la fe y el bautismo. El primero de ellos está en Gálatas 3, el cual hemos señalado antes en otro contexto:

> Todos ustedes son hijos de Dios mediante la fe en Cristo Jesús, porque todos los que han sido bautizados en Cristo se han revestido de Cristo. Ya no hay judío ni griego, esclavo ni libre, hombre ni mujer, sino que todos ustedes son uno solo en Cristo Jesús (vv. 26-28).

Debemos recordar nuevamente que el contexto de este pasaje es una carta escrita para defender la justificación por la fe y para contraponerse con argumentos a aquellos que quieren volver a la justificación dependiente del esfuerzo humano, el desempeño y el cumplimiento de ley. También está escrito para retar a los que se niegan a ofrecer su confraternidad a los creyentes que consideren inadecuados, por no seguir estas reglas que ellos han añadido al evangelio.

Ante esta situación, Pablo hace la declaración más fundamental de todas: *todos ustedes, es decir todos, son hijos de Dios mediante la fe, a través de su confianza en Jesucristo, no a través de su desempeño o su esfuerzo humano*. Pero luego añade una declaración paralela: *debido a que todos ustedes que han sido bautizados en Cristo se han revestido de Cristo o se han puesto a Cristo como vestimenta.*

No podemos argumentar que el bautismo es paralelo a la fe porque tenga la misma importancia que esta, pero en este caso, es paralelo porque el bautismo fue ligado a la fe y fue un instrumento de la fe al ser usado para unir a todos en Cristo, donde ahora todos visten el mismo ropaje, es decir, Cristo.

Cuando era un joven ministro y maestro, tuve el privilegio (no recuerdo exactamente cómo) de asistir a un seminario especial, restringido a un centenar de participantes, encabezados por el famoso erudito bautista británico G.R. Beasley-Murray, cuya famosa obra, *Bautismo en el Nuevo Testamento*, he citado varias veces. La serie de exposiciones a las que asistí se enfocaban en el tema de "El bautismo y la unidad cristiana". Cuando hablaba de este pasaje, me acuerdo que este autor extendía su brazo, sacando afuera el borde de su camisa y volteándolo mostrando un lado y otro, diciendo: "La fe y el bautismo son el interior y el exterior de una misma cosa: nuestro llegar a Dios. "

Este fue un momento para decir "¡Ajá!" dentro de mí. El bautismo no ocupa algún tipo de categoría relativa al "esfuerzo humano"; el bautismo ocupa la categoría de la fe. La fe y el bautismo son el interior y el exterior de la misma respuesta a la gracia de Dios. Esta es la única razón por la que Pablo ubicaría el tema del bautismo sobre la mesa, específicamente en este contexto, colocándolo en la misma oración junto a este fundamental concepto de la fe. En nuestra experiencia de nacer de nuevo, el bautismo es visto como fe, como una expresión de fe.

El segundo pasaje es también uno que hemos visto anteriormente con otro énfasis. Se encuentra en Colosenses 2:

> Además, en él fueron circuncidados, no por mano humana sino con la circuncisión que consiste en despojarse del cuerpo pecaminoso. Esta circuncisión la efectuó Cristo. Ustedes la recibieron al ser sepultados con él en el bautismo. En él también fueron resucitados mediante la fe en el poder de Dios, quien lo resucitó de entre los muertos (vv. 11-12).

En Gálatas 3 se habló primero de la fe, luego del bautismo, pero ambos aparecen claramente unidos. En el caso de Colosenses, se habla primero del bautismo, pero muy rápidamente es añadida otra frase relativa a la fe para que recordemos la parte interior de la respuesta a Dios que da al bautismo su significado. Somos sepultados juntamente con Cristo en el bautismo *y resucitados con él mediante nuestra fe* (nuestra confianza) en el poder de Dios y en lo que él hizo al resucitar a Jesús de entre los muertos.

Nuestro bautismo es un evento crucial en nuestra historia personal. Fue allí que abandonamos la naturaleza pecaminosa y fuimos sepultados con Cristo y resucitados a una nueva vida. Pero el bautismo no es una ceremonia mágica. Es la señal de algo mucho más significativo que él mismo: nuestra fe, nuestra confianza y nuestra rendición al poder de Dios, por lo que uno puede hablar del bautismo y la fe como unidos entre sí. Y entonces, a través de nuestra fe fue que este evento, nuestro bautismo, tuvo un efecto transformador. Gálatas 3 enseña que la fe y el bautismo son los lados, interior y exterior, de la misma cosa. Colosenses 2 invierte el orden y enseña que el bautismo y la fe son el exterior y el interior de la misma cosa. En ambos casos, lo que realmente nos salva y nos transforma es *el objeto* de nuestra fe y de nuestro bautismo. Nosotros ponemos nuestra fe en Jesucristo; somos bautizados en Jesucristo. La fe y el bautismo están unidos en su enfoque en Cristo, que es quien nos hace nuevos.

No separa a los dos

Ahora, habiendo oído lo que dicen las Escrituras acerca de la relación entre la fe y el bautismo, debemos confiar lo que hemos oído y tener cuidado, porque "lo que Dios ha unido, que no lo separe el hombre" (Marcos 10:9). Aunque Jesús hizo esta afirmación en relación con el matrimonio, se aplica a la fe, al bautismo y a cualquier asunto que Dios ha juntado.

Algunas personas, al parecer, quieren compartir su vida juntos como una pareja casada, pero dicen: "¿Por qué necesitamos una ceremonia, o qué tiene de importante un pedazo de papel? ¿No es lo más importante aquí que nos amemos el uno al otro y que nos comprometamos el uno con el otro?". En un sentido, ellos están en lo correcto. Su amor y compromiso son más importantes que el permiso legal para contraer matrimonio y la ceremonia. Supongo que podríamos pensar así y decir: "¿Por qué necesitamos el bautismo? ¿Acaso la fe no es el elemento importante?". Pero lo que acabamos de leer nos muestra que la voluntad de Dios fue que mantuviéramos nuestra fe unida a nuestro bautismo y que nuestro bautismo fuera una valiosa experiencia debido a la fe en el poder de Dios. Si queremos estar "casados" con Jesús, expresamos ese deseo y compromiso en el "altar" del bautismo. Así que, ¿qué significa esta unión de la fe y el bautismo para vivir la vida bautizada?

Por un lado, nos recuerda que sería más apropiado hablar y estudiar sobre vivir una vida fiel. No tendría ningún inconveniente con alguien que pudiera argumentar que tenemos un mayor fundamento para escribir sobre ese tema que lo de vivir la vida bautizada. En cierto modo, puede que tengan razón. Yo diría: "Que Dios bendiga su trabajo".

Por otro lado, sin embargo, estos textos nos recuerdan que debemos mirar nuestro bautismo y seguir teniendo la fe que en primer lugar nos llevó allí, la cual debe seguir siendo la humilde fe de un niño. Nuestro bautismo es el comienzo de un camino de fe. La vida bautizada es una en la cual nos mantenemos confiados y rendidos.

Además de esto, a medida que vamos y hacemos discípulos como parte de una fiel vida bautizada, no queremos simplemente bautizar a la gente; queremos bautizar a las personas que tienen fe en el poder de Dios. Al estudiar las Escrituras con otros y compartir nuestras vidas con ellos, no queremos de ninguna manera que ellos pongan su fe en el bautismo. ¡Ni siquiera queremos que ellos pongan su fe en la fe! Queremos que su bautismo sea el supremo momento en que ponen su fe en Cristo y el comienzo de vivir una nueva vida por fe.

Puesto que la fe y el bautismo están tan estrechamente unidos entre sí, como el interior y exterior de la misma experiencia transformadora de morir y resucitar con Cristo, todo lo que es verdadero respecto a vivir una vida de fe es también verdadero respecto a vivir la vida bautizada. Cuando no estamos debilitados en nuestra fe, sino que confiamos en que Dios tiene el poder de hacer lo que ha prometido, estamos viviendo la vida bautizada. Cuando obedecemos a Dios y avanzamos a pesar de que no sabemos a dónde vamos, estamos viviendo la vida bautizada. Cuando sufrimos de algunas maneras que nos confunde y desconcierta, pero nos aferramos a que nada nos puede separar del amor de Cristo, estamos viviendo la vida bautizada.

El recordar nuestro bautismo no solo debe hacer que recordemos la muerte y resurrección de Jesús, sino también aquella fe inicial puesta en lo que Dios hizo para nosotros y que esa fe necesita seguir creciendo cada día.

Vivir la vida bautizada es poner nuestra fe en la generosa gracia de Dios, aceptar esa salvación tan grande y comprometernos a vivir en los tiempos actuales como ciudadanos de un nuevo Reino. Recordar nuestro bautismo es recordar que hemos muerto con Cristo y resucitado con él para una nueva manera de vivir y amar, que solo se puede vivir en el poder del Espíritu Santo. Significa comprender, por fe, que hemos sido sumergidos en el mar de una nueva humanidad, de modo que todos aquellos que han nacido de nuevo son nuestros hermanos y hermanas, sin divisiones entre nosotros.

No hay ninguna historia, sino la de Dios;
no hay más Dios, sino el Padre, el Hijo y el Espíritu;
y no hay vida, sino la vida bautizada.

Preguntas para
estudio individual o en grupos

1. ¿Cuáles son tus pensamientos respecto a la idea de que la fe es algo más grande que el bautismo? Explica por qué piensas así.

2. ¿Qué es más importante, el voto nupcial hecho públicamente o la intención en el corazón de la novia o el novio? ¿Cuál es la relación aquí entre dos cosas de desigual importancia? ¿Cómo se relaciona esto con el bautismo y la fe?

3. Al llevar a la gente a la decisión de seguir a Jesús y ser bautizados en él, ¿cuáles son las implicaciones de esta enseñanza acerca de la fe y el bautismo? ¿Tienes la tendencia de poner más énfasis en uno más que en el otro?

4. Al pensar en la vida bautizada como una vida de fe, ¿qué desafíos ofrece esto a tu vida?

CONCLUSIÓN

Es bastante sorprendente que el estudio del bautismo en el Nuevo Testamento nos permita apreciar un mosaico casi completo que muestra cuál es la vida de un discípulo. Espero que ahora podamos ver el por qué Lutero estaba asombrado de cuántos beneficios y bendiciones estaban ligadas al bautismo.

Si bien necesitamos decirlo, también hay que volver a una idea expresada al comienzo de nuestro estudio y decir que el bautismo por sí mismo no es nada en absoluto. Dios ha escogido usarlo para incluirnos en Cristo; lo usa para ilustrarnos de manera dramática la transformación que se produce cuando nos unimos con Cristo. Él lo utiliza para llamarnos a recordar continuamente el morir y resucitar con Cristo.

Recordar constantemente nuestro bautismo nos llama

de manera consistente a vivir una vida diferente. Pero en sí mismo, el bautismo es como tener unos lentes encima de tu mesa de noche o como tener una taza dejada dentro de un gabinete. Las gafas no te hacen ningún bien a menos que te las pongas y mires a través de los lentes a tu cónyuge, a tu hijo o una hermosa puesta de sol. La taza no te hace ningún bien con tan solo colocarla en un estante y si no está llena de un líquido que te refresque cuando haga calor o te caliente cuando haga frío. El bautismo no es nada a menos que veas a través de este tu propia naturaleza pecadora, además de las realidades y la gracia de la nueva vida en Jesús. No tiene ningún valor a menos que se llene de una fe viva que se enfoque en el poder de Dios que resucitó a Jesús de entre los muertos y que puede vivir en nosotros.

El Dios que trae un nuevo pacto en Jesús no está interesado en el ritual sin propósito. Cuando él da lo que algunos pueden considerar un signo y otros un sacramento, es con el propósito de conectar con nuestros corazones y llevarnos a una conciencia moral y a un nuevo estado espiritual.

En su sabiduría, Dios nos dio el bautismo. Recuerda entonces que el bautizo viene del cielo, no de los hombres. Eso solo puede significar que Dios sabe que lo necesitamos. Necesitamos una línea de demarcación, un momento de "un antes y un después". Necesitamos ese momento decisivo por medio del cual miremos en retrospectiva y reflexionemos sobre él. Sabemos que es así, porque él no nos da algo simplemente para perder nuestro tiempo o energía. Pero incluso estas verdades tienen poder solo en tanto nos relacionen con Jesús y nos permitan volver a colocar nuestro enfoque en él.

No permitas que tu bautismo sea solo un pedazo de una antigua historia. Aunque haya sido hace un mes o hace cuarenta años, permite que sea algo a lo cual regresas muy a menudo. Recuerda la gracia que vino a ti en el bautismo, permanece en ella y "salpícala" a otros a tu alrededor. Alégrate en el Reino en el cual naciste y vuélvete a comprometer con la vida del Reino. Recuerda cómo tus pecados fueron quitados, pero sigue caminando en la luz, confesando tus pecados y permitiendo que la sangre de Cristo te siga limpiando.

Revive el momento. Mírate a ti mismo colocado en una tumba de agua, muerto a la antigua vida, sepultado con Cristo y luego resucitado con él para vivir de una nueva forma. Examina tu corazón y mira si te has desviado de tu convicción acerca de morir al pecado. Examina tu fe y mira si aún te sientes confiado respecto al Espíritu Santo, que te ha sido dado para ayudarte a vivir esa nueva vida como ciudadano del cielo. Recuerda que el bautismo en Cristo significaba bautismo en su cuerpo y reafirma tu compromiso de pertenecer a todos los demás que forman parte de ese cuerpo.

Recuerda a Jesús. Recuerda la cruz, el entierro y la tumba vacía. Recuerda tu bautismo. Vive la vida del Reino, la vida bautizada, la vida resucitada y la vida en el cuerpo de Cristo. Y ve a hacer discípulos, bautizándolos y enseñándoles a obedecer.

Apéndice 1

El bautismo en el Nuevo Testamento:
Un ejercicio de lectura de la Biblia

En el capítulo 1, mencioné que hace varios años enseñé una serie de clases sobre "El bautismo en el Nuevo Testamento", junto con mi amigo Steve Brown, quien es mi compañero en la enseñanza y coautor de libros. Basamos dichas clases en la idea que tuvo Steve de que recorriéramos el Nuevo Testamento, libro por libro, preguntándonos qué podíamos aprender acerca del bautismo con tan solo la lectura de nuestras traducciones al inglés de la Biblia, *suponiendo que no tuviéramos conocimiento alguno del griego*, tratando de leerlo lo más que pudiéramos como si lo hiciéramos por primera vez.

Al final de nuestro estudio hicimos una lista de veinticinco conclusiones que podíamos describir con confianza acerca de las escrituras leídas. Aquí están esas conclusiones tal como nos llegaron, empezando con el Evangelio de Mateo y a través de la lectura de todo el Nuevo Testamento:

1. El bautismo es algo que es hecho en ti, pero al que tú

tienes que llegar.

2. El bautismo de Juan va acompañado de la confesión de pecados, en respuesta del llamamiento al cambio radical necesario por causa de la venida del Señor.

3. Debe ir precedido de un verdadero arrepentimiento (que es visible por lo que produce) y por la humildad.

4. Es para el perdón de los pecados o, dicho de otra manera, para lavar los pecados.

5. Requiere abundante agua; a menudo se hace en un río e implica bajar al agua y subir del agua.

6. Jesús ordenó a todos los que quisieran ser sus discípulos que se bautizaran.

7. El bautismo se debe hacer en el nombre del Padre, del Hijo y del Espíritu Santo o en el nombre de Jesús.

8. El bautismo está acompañado por el don del Espíritu Santo.

9. En otro sentido, Jesús también prometió personalmente bautizar con el Espíritu Santo después de su regreso al cielo. Ejemplos de esto se encuentran solamente en Hechos 2 y 10.

10. El bautismo ocurre tan pronto como una persona toma la decisión de arrepentirse y seguir a Jesús o aceptarlo como Señor. Por lo tanto, el bautismo está siempre conectado a la conversión.

11. La fe, el arrepentimiento y el bautismo están unidos y no son experiencias que estén muy separadas.

12. En el bautismo morimos al pecado.

13. El bautismo es *para unirnos con* Cristo.

14. En el bautismo participamos en su muerte (nos *unimos en* su muerte).

15. En el bautismo somos sepultados juntamente con Cristo en su muerte.

16. Emergemos de nuestro bautismo resucitados a una nueva vida.

17. La fe, la gracia y el bautismo van todos juntos; el bautismo obtiene su sentido de la fe en Cristo y de la gracia que viene de Cristo.

18. Quién lleva a cabo el bautismo no es importante. En realidad todos somos bautizados por un solo Espíritu.

19. Ninguno de nosotros debería estar preocupado acerca de cuánta gente bautizamos personalmente.

20. Estamos todos bautizados en un solo cuerpo; todos quedamos vinculados con la comunidad de fe a través del bautismo en Cristo.

21. El bautismo en Cristo derriba todas las barreras étnicas, sociales y de género.

22. El bautismo es una de las enseñanzas centrales, teniendo el mismo nivel que los otros "unos"

mencionados en Efesios 4:4-6 que unen a todos los cristianos.

23. En el bautismo la naturaleza pecaminosa es retirada, como una circuncisión hecha por Cristo.

24. Puede que sea una de las enseñanzas elementales acerca de Cristo (o el Mesías), una de las cosas que aprendes primero (aunque el inusual término en plural "bautismos" en Hebreos 6:2 podría indicar otra cosa).

25. El bautismo te salva, no por lo que sucede físicamente, sino por lo que sucede espiritualmente a medida que te comprometes con Dios (o suplicas a Dios) y te unes a la resurrección de Cristo.

Apéndice 2

¿'Rebautismo'?

Podría imaginarme que algunos lectores de este libro pueden estar reflexionando acerca de los diferentes aspectos del bautismo que hemos considerado aquí y luego pensar cuán relativamente poco era su entendimiento de ello al momento de su bautismo. No sería sorprendente para algunos preguntarse si su experiencia fue válida o no. Antes de que uno llegue a esa conclusión, me gustaría sugerir que sean considerados varios puntos basados en el estudio que hice del Nuevo Testamento:

1. No existe nada parecido a un "entendimiento perfecto" de lo que es el bautismo, ya sea que uno lo estudie como tema o que se trate de un nuevo creyente bautizado para entrar en el Reino de Dios. Incluso una persona que es bautizada después de leer un libro como este no va a entender todo lo posible sobre este tema. Sin duda, en cualquier momento de nuestras vidas, todos podemos tener limitaciones en nuestra comprensión. La eficacia del bautismo no está basada en la comprensión perfecta, sino en Jesús, el objeto de

nuestra fe y bautismo.

2. "No puede haber comprensión retroactiva del bautismo" es una enseñanza errónea. La mayoría de nosotros, si no es que todos, aprendemos muchas verdades sobre el significado de nuestro bautismo durante los días, meses y años después del bautismo. Esto significa que gran parte de nuestra comprensión del bautismo se produce después de haber ocurrido este hecho y a medida que crecemos en Cristo. Es de esperar que nuestro entendimiento de la vida bautizada siga creciendo cada vez más.

3. Nadie en el Nuevo Testamento que haya sido bautizado en el nombre de Jesús fue cuestionado en cuanto a su bautismo por un líder espiritual (aun si no le estaba yendo muy bien espiritualmente). La única ocasión en que se cuestionó a personas respecto a su bautismo fue cuando se reveló que solo habían sido bautizados con el bautismo de Juan. Por consiguiente, ellos fueron bautizados *en el nombre de Jesús* por primera vez (Hechos 19: 1-4).

4. Puede haber algunas razones válidas para considerar ser bautizado, aun cuando uno haya tenido un bautismo anterior. En estas razones se podrían incluir, aunque sin quedar limitadas a esta lista, las siguientes:

    (a) Cuando una persona fue "bautizada" (en realidad rociada) cuando era un bebé o un niño y no participó en absoluto en la toma de decisión de arrepentirse o confiar en Jesús.

(b) Cuando una persona fue bautizada por cualquier otra razón que no sea responder a Jesús (por ejemplo, para complacer a un cónyuge u otra persona).

(c) Cuando una persona creyó exactamente lo contrario a lo que enseñan las Escrituras (por ejemplo, "El bautismo no tiene nada que ver con mi perdón").

(d) Cuando una persona no puede llegar a tener paz acerca de su bautismo. Debemos ser cuidadosos en este punto porque puede que alguien necesite consejería y enseñanzas más que ser bautizado.

5. Si una persona se sumergió originalmente debido a su fe en Jesús, la decisión de ser bautizado de nuevo debe recaer totalmente en la persona y nunca debe serle impuesta por un maestro o un guía. (Una vez más, recuerda el punto #3 que aparece arriba). Para ilustrar este aspecto, por ejemplo, si estoy estudiando la Biblia con Martín, quien previamente fue sumergido debido a su propia fe en Jesús, puede que yo esté preocupado de que él no haya entendido X cosa (cierta verdad) en ese tiempo o que no cumplió con ciertas acciones que debía tomar. Debo plantearle ciertos temas a fin de ayudar a aclarar su pensamiento. Sin embargo, la decisión acerca

de qué hacer o no hacer pertenece solo a él, en tanto es él quien rendirá cuentas ante Jesús.

6. La mayoría de las personas a las que se les enseñó algunos conceptos básicos acerca de la fe, el arrepentimiento y el bautismo solo tienen que comprometerse de nuevo a vivir la vida bautizada.

7. Cualquiera que sea la decisión que la persona tome, los discípulos solo pueden trabajar juntos para alcanzar a otros y traerlos a la confraternidad si ellos están unidos en la enseñanza de que la fe, el arrepentimiento y el bautismo son conjuntamente parte de la conversión en Jesús.

8. Cuando un individuo decide que su bautismo fue válido, pero luego comienza a incluir en su propio mensaje evangelístico las enseñanzas del Nuevo Testamento sobre el bautismo, esta persona podría muy bien reexaminar su conclusión original y decidir que debería, después de todo, ser bautizada.

9. Los ejemplos que hay en el Nuevo Testamento sobre el bautismo (en el libro de Hechos) deberían ayudarnos a comprender que lo central no es lo que hacemos cuando somos bautizados, sino la fe en lo que Jesús ha hecho por nosotros en su muerte, sepultura y resurrección. La cantidad relativamente pequeña de tiempo y enseñanzas previos al bautismo, en estos relatos del libro de Hechos, destacan también este punto.

10. Una vez más, en nuestro auto-examen, no debemos llegar a enfocarnos demasiado en nosotros mismos ni nunca debemos olvidar que el poder del bautismo no proviene del hacer todo de la forma correcta y de tener todos los pensamientos correctos y todas las actitudes correctas, sino que su poder está en que estamos llegando al bautismo para poner nuestra fe en Jesucristo.

www.ingramcontent.com/pod-product-compliance
Lightning Source LLC
Chambersburg PA
CBHW021628120626
46545CB00002B/449